Giulio Tremonti

Uscita di sicurezza

Rizzoli

ISBN 978-88-17-05774-5

Prima edizione: gennaio 2012

Impaginazione e redazione: PEPE *nymi* – Milano
Rielaborazione dei grafici: Patrik Dolo per PEPE *nymi*

Uscita di sicurezza

Introduzione

L'Arca di Noè fu costruita da dilettanti. Il *Titanic* è stato costruito da professionisti.

La prima, quella dell'Arca, è l'immagine millenaria della salvezza. La seconda, quella del *Titanic*, è l'immagine contemporanea del disastro.

Il primo disegno, il disegno fantastico, ha funzionato e può ancora funzionare perché riporta l'uomo a un *creator spiritus*: «fatti un'arca di legno di cipresso».

Il secondo disegno, il disegno tecnico, può funzionare ma può anche fallire. E spesso fallisce se è fatto solo dall'uomo per l'uomo. E soprattutto fallisce se è fatto dalla parte peggiore dell'uomo: dal «gene egoista», matrice di un processo che prende la forma ideologica del darwinismo sociale applicato all'economia, moderna versione dell'*homo homini lupus*.

Oggi l'ideale campo d'azione dell'*homo homini lupus* è il mercato finanziario. Per effetto di uno straordinario processo di concentrazione e degenerazione delle strutture sociali e mentali, giuridiche ed economiche, il mercato finanziario ci si presenta infatti come il centro del mercato, che a sua volta ci si presenta come il centro della vita umana. Entità metafisica e oracolare, sacerdotale e misterica, autistica e matematica, collocato in uno spazio arcano e quasi sacrale, il mercato finanziario è capace di giudicarci, salvarci, dannarci, insieme popoli e persone. E lo fa, lo può fare, il mercato finanziario, per come in questi anni si è sviluppato e organizzato, ed è stato lasciato libero di farlo, mettendo il profitto al posto della giustizia, riducendo il senso della morale e della politica, rendendo astratti i vecchi protocolli regolativi, azzerando l'*ethos* e privatizzando il diritto, facendo prevalere la forza impietosa dei pochi nuovi padroni del pianeta sulla debolezza dei tanti, mettendo l'egoismo al posto dell'empatia, cancellando l'idea che si sopravvive perché si è sociali e non l'opposto, passando infine dall'ordine al caos.

Alla base del mercato finanziario, c'è un'ideologia potente e dominante che tende ad azzerare la parte migliore della natura umana, riducendo la vita nell'economia e l'economia nella finanza, un mostro che oggi si alimenta divorandoci e infine divorandosi.

Solo alcuni *veri credenti* lo umanizzano, il mercato finanziario, e per avvicinarcelo ce ne forniscono una rappresentazione quasi umana, antropomorfa, parlando per esempio e con imprescindibile rispetto di *market sentiment* (*sic!*).

È, tutto questo, ben diverso dal mondo dell'indagine sulla natura e le cause della *Ricchezza delle nazioni* di Adam Smith, la bibbia del mercato.

Ricchezza certo, ma anche *nazioni*. Queste sono state per secoli il contenitore dei valori civili propri di comunità basate insieme sulla responsabilità morale e sulla struttura politica. All'opposto abbiamo oggi un tipo di ricchezza che via via tende a distruggere le nazioni, fino a distruggere se stessa, nella forma di una doppia distruzione, tanto politica quanto economica.

Questo processo viene illustrato nelle pagine che seguono, nell'estensione progressiva del suo sviluppo. Ed è comunque sintetizzato nei grafici di pagina 50 ss. Grafici che oltre ogni dubbio rendono chiaro come, a ridosso della globalizzazione, e per effetto primo della globalizzazione, andando indietro più o meno di venti anni, e da qui poi estendendosi nella Rete, abbia preso forma e forza un *nuovo tipo di capitalismo*. Non, come in Marx, un capitalismo chiuso nella dialettica e nel conflitto tra il *capitale costante* e il *capitale variabile*, il primo fatto dalla somma dei mezzi di produzione e di circolazione delle merci + il capitale circolante, e il secondo costituito dalla forza lavoro. Ma qualcos'altro. A sorpresa, a partire dalla globalizzazione, in questa nuova e contemporanea storia, il nucleo finanziario iniziale del capitale circolante, trovando prima nella globalizzazione e poi nella Rete il suo luogo naturale di evoluzione ed espansione, ha infatti in progressione accumulato in sé tanta forza da generare un nuovo, mai visto prima tipo di capitale: il *capitale dominante*, la base del superpotere transnazionale del mercato finanziario, ciò che esprime e configura, nella sua forma ultima, l'odierna *dittatura del denaro*.

Un tipo di capitalismo, questo, che è tuttavia a sua volta tanto dominante quanto morente, perché ormai incapace di sopravvivere alla sua basica finzione costitutiva. Una finzione chiara per esempio nella formula – che ricorda un geroglifico – riportata a pagina 64. Sviluppato certo su quella scala industriale e globale che oggi è tipica della tecnofinanza, ma in realtà un processo non molto diverso da una magia alchemica folle e mortale, come in Faust e Mefistofele.

Perché, in quale modo ha preso avvio e si è sviluppato questo processo degenerativo e distruttivo, attraverso quali meccanismi fisici e politici, materiali e mentali, reali e simbolici, etologici e pratici? E cosa è ancora possibile fare per evitarlo?

Un fatto è certo: la crisi che ora vediamo e che viviamo non è venuta, non viene dal nulla, non dal caso, non da un'oscura e imperscrutabile maledizione. Viene dall'azione dell'uomo.

Scritte qui di seguito, come in una narrazione a metà tra *diario* e *cronaca*, sono cose viste e vissute, tanto prima quanto poi, nel corso dei cinque anni che vanno dall'esplosione della crisi finanziaria, nell'estate del 2007, a oggi.

Riflessioni e affermazioni fatte nel chiuso dei vertici internazionali, ma dal principio ripetute *verbatim* in tante altre sedi: dall'Università Cattolica di Milano a Chatham House a Londra, dal seminario di Parigi *New world, new capitalism* alla Scuola centrale del Partito comunista cinese di Pechino, dalle Università di Friburgo e di Yale, alla Herzliya Conference di Tel Aviv. E in tante altre occasioni pubbliche. Poco di quanto ho detto in queste sedi corrisponde al tono standardizzato tipico dei comunicati ufficiali che normalmente chiudono i vertici internazionali, tradizionalmente dominati da una sorta di *centralismo* non nazionalmente, non personalmente contrastabile, tale da escludere la messa al voto di tesi diverse da quelle prevalenti. Ma tutto quanto scritto e detto all'esterno e scritto qui di seguito corrisponde realmente a quanto scritto e detto anche all'interno di quei vertici, già a partire dal 2008, sul rapporto tra gli Stati e la finanza, sulle regole, sulla proposta di un Fondo europeo eccetera.[1]

In ogni caso, essere dentro è stato utile per meglio comprendere. Un conto è infatti leggere articoli di stampa o documenti ufficiali, un conto è vedere in azione gli uomini e le forze che hanno fatto – o non fatto – la politica di questi anni.

Per finire, una parte di questo libro è *verifica*, nel senso che è proprio di questa parola: verifica del fatto

---

[1] Si rinvia all'Allegato n. 1, composto da tre documenti: lettera all'allora ministro francese dell'Economia, Christine Lagarde (Presidenza di turno dell'Unione Europea); programma economico della Presidenza italiana del G7/G8 2009; proposta per un Fondo europeo. E all'Allegato n. 2, la Prefazione all'edizione giapponese di *La paura e la speranza*, scritta dall'ex governatore della Banca del Giappone. In particolare, i primi tre documenti anticipavano le conclusioni di questo libro sul rapporto Stati-finanza, sulla necessità di nuove regole globali, sull'esigenza di un Fondo europeo.

che si è davvero *verificata* una vasta parte di quanto sintetizzato e scritto, tra il 2006 e il 2007, in *La paura e la speranza* (2008).[2]

Una parte è invece *variante*, allora imprevista. Se era infatti già allora possibile prevedere la crisi, con il crollo sequenziale a domino delle piramidi finanziarie, delle megabanche globali di Wall Street, era però oggettivamente impossibile prevedere quando e come la crisi sarebbe esplosa: in quale giorno, in quale banca, con quale dinamica, con quale intensità, con quali politiche sarebbe poi stata «gestita».

Per rappresentare la crisi, per come si è sviluppata, si sviluppa e si svilupperà, fin dal principio non ho trovato e ancora non trovo immagine più efficace di quella composta dalla sequenza di mostri che ti arrivano addosso in un videogame: arriva un mostro, lo batti, ti riposi; ma subito dopo arriva un secondo mostro, più grande del primo. E così via. Alla fine di questo libro verrà illustrato in che modo si può sperare di venire fuori da questo videogame.

Quando nel 2006[3] ho ipotizzato un nuovo 1929, ho fatto appunto solo un'ipotesi. Un'ipotesi che purtroppo si è verificata, se pure con varianti, perché la storia non si ripete mai per identità perfette. Dopo il 1929 è comunque venuto il 1933, quando è stato toccato il fondo della Grande Depressione, quando la crisi è via

[2] Una sintesi delle prime pagine del libro si trova nell'Allegato n. 3.
[3] In «Corriere della Sera», 12 novembre 2006.

via passata dall'artificiale della finanza al reale della vita dei popoli (per capirlo, basta leggere *Uomini e topi* o *Furore* di Steinbeck o ricordare cosa è successo in Germania, proprio in quegli anni: l'arrivo al potere del nazionalsocialismo). Il fatto che quella fosse una crisi esplosa dentro società ancora relativamente povere, mentre questa esplode dentro società nell'insieme più ricche, a tratti opulente, non ne riduce il rischio di impatto, non lo rende meno violento. Anzi. Per reazione alla crisi possono infatti venire conflitti, sommovimenti sociali e ribellioni e, con questi, nuovi movimenti, capaci anche di generare forme politiche aberranti. Come è già stato nella storia e come mille segni oggi annunciano. Quando, manovrando il mercato finanziario e gli *spread*, il potere agisce sulla manopola del volume della paura, la paura di perdere tutto, dal lavoro al risparmio; quando davanti alla crisi il potere, proprio il potere *liberale* costituito in nome del libero mercato, chiede che per pericolo e necessità sia proclamato lo «stato d'eccezione»; quando per conservare i suoi interessi la finanza arriva all'ultimo stadio, mettendosi a governare in presa diretta facendo uso di tecnici che, loro sì, sono del tutto diversi dal popolo e perciò sanno cosa è bene per il popolo; quando arriva il Fondo Monetario Internazionale a ridurre la sovranità nazionale; quando è evidente che questo processo, essendo basato sulle stesse meccaniche che hanno causato la crisi, non la interrompe ma all'opposto la prolunga e la aggrava; quando, pur con tutte le sue colpe, chi è eletto non conta mentre conta chi non è eletto e questi conta *proprio* perché non eletto; quando si immagina di togliere ai popoli il diritto di voto per sostituirlo con il sorteggio, così da costituire la Camera perfetta, la Camera dei popoli (!?); quando si tagliano le radici della democrazia ragionando in termini di *aut aut*, pensando, imponendo che i deficit pubblici possano essere curati *proprio* con corrispondenti dosi di deficit democratico, allora è chiaro che è poi difficile fermarsi o fermare il conflitto sociale, è chiaro che risulta poi difficile, come popolarmente si dice, rimettere il dentifricio nel tubetto; quando il crepitare degli *spread* fa vacillare la fiducia in noi stessi e lo spirito dell'Unione Europea, allora è chiaro il rischio che emergano qua e là, e a partire proprio dalla civilissima Europa, i primi segni di un tipo nuovo di fascismo: il *fascismo finanziario*, il *fascismo bianco*.

È molto probabile che oggi ancora, dopo il 2007, si vada verso un nuovo 1933. Dopo il 1933 le cose andarono bene negli Stati Uniti d'America. Non così in Germania, dove invece la crisi fu malamente gestita. Oggi siamo comunque, in Europa, ancora a Hoover e ai suoi epigoni ed eredi, più che a Roosevelt. Il primo, il presidente della paura. Il secondo, il presidente della speranza. Come al tempo del New Deal, abbiamo dunque un *rendez-vous* con il nostro destino. Come è stato detto, le persone, i popoli fanno sempre la cosa giusta, dopo avere esaurito tutti i possibili errori!

Un ultimo errore sarebbe quello di subire questa crisi, pensando di poterla così superare. Così facendo, anzi così non facendo, sempre restando dentro lo stesso videogame, fatalmente arriverebbe un nuovo mostro. Attendere la stabilizzazione (?!) del mercato finanziario, la mitica «ripresa», oppure una grande salvifica (?!) inflazione, oppure una guerra semplificatrice, sarebbe un ultimo e fatale errore, perché non si farebbe altro se non spianare la strada al prossimo mostro. Non si farebbe altro se non preparare la prossima crisi, una crisi ancora più grave. La crisi finale.

L'uscita di sicurezza c'è. Solo che è nascosta nel nostro passato prossimo. Dobbiamo e possiamo avere il coraggio per cercarla, per comprenderne la chiave d'apertura, infine per seguirla. Il coraggio per lasciare la via sbagliata, la via che più o meno tutti oggi – Stati, governi, popoli – stanno ancora seguendo, ancora vittime del primo mito del XXI secolo, vittime del mercatismo degenerato nell'assolutismo del mercato finanziario.

Mentre sale il diagramma della paura, siamo ancora in tempo per la speranza, come è stato appunto nel 1933 contro la Grande Depressione. Siamo ancora in tempo per riportare ordine, per rimettere a sistema quello che ora si chiama mercato o mercato finanziario, ma che in realtà non è più un sistema economico ma un magma caotico.

Possiamo farlo anticipando ed evitando, non continuamente subendo, la cascata dei fenomeni in atto, ragionando *ex ante* e non *ex post*, agendo sulle cause e non sugli effetti. Possiamo farlo partendo dalla separazione radicale e fondamentale tra *economia produttiva* ed *economia speculativa*, tutelando la prima e neutralizzando invece la «bisca finanziaria»,[4] pianificandone una lunghissima moratoria, come nel biblico sabbatico, o avviandola verso un'ordinata procedura fallimentare, in modo che perda o paghi solo chi deve perdere o pagare e non noi; riportando la moneta nel potere degli Stati, in nome e per conto dei popoli, così tra l'altro stabilizzando i bilanci pubblici; ripristinando l'impero della legge; avviando grandi piani di investimenti pubblici; soprattutto mettendo il cuore, la ragione e lo spirito al posto del saggio di interesse, il pane al posto delle pietre, l'uomo al posto del lupo. Ma prima di agire dobbiamo capire cosa è successo e cosa sta succedendo e dobbiamo, possiamo farlo *prima* che il mercato finanziario porti all'incasso la sua cambiale mefistofelica. Questo è il senso, questo è lo scopo del libro. È piuttosto probabile che sia un libro non condiviso, anzi confutato o trattato con sufficienza e supponenza, proprio dall'attuale potere finanziario, politico e accademico, quel tipo di potere che oggi

---

[4] Per chi, benpensante, avesse dubbi, per chi trovasse non adatta, troppo forte l'espressione «bisca finanziaria», sia consentita questa citazione: «Quando lo sviluppo del capitale di un Paese diventa un sottoprodotto delle attività di un *casino di gioco*, è probabile che vi sia qualcosa che non va bene» (J.M. Keynes, *Occupazione, interesse e moneta. Teoria generale*, 1947).

pensa di incarnare senza alternative il *potere costituito*. È forse anche questa una ragione per leggere le pagine che seguono.

Il ricavato dei diritti d'autore di questo libro è destinato in beneficenza.

I
Tre tragici errori

Si dice che i popoli imparano la geografia con le guerre e l'economia con le crisi. Si dice che la verità non è mai così chiara come nell'ombra della notte. È vero.

A cinque anni dall'esplosione della crisi è ormai chiaro che in Occidente la politica, tanto quella di destra quanto quella di sinistra, ha commesso *tre errori*. Tre errori tragici e tra di loro concatenati: non ha capito la differenza tra un normale *ciclo economico* e una *crisi storica*; ha pagato con denaro pubblico il conto dell'azzardo privato; ha scambiato regole false per regole vere. In sintesi, ha passivamente accettato la vittoria della finanza sulla politica, veicolata, la prima, dentro il cavallo di Troia di quel Board che nel 2008 fu rumorosamente messo in campo proprio per assicurare al mondo la *financial stability* (*sic!*).

Perché questi errori? Perché è stata persa la prima storica occasione per guadagnare l'uscita di sicurezza? Principalmente per la deviante combinazione tra difetti ed eccessi, di visione e di potere.

Il primo difetto, un difetto insieme di visione e di

potere, si è radicato nella politica occidentale. L'ultima grande scelta politica occidentale è stata fatta venti anni fa, lanciando la globalizzazione. Una scelta operata con una violenta forzatura sui ritmi, sui tempi, sui corsi naturali della storia. La globalizzazione è stata in specie voluta, per compressione e accelerazione della storia, da un'élite di potere determinata e «illuminata». Poi, per venti anni, a valle di questa grande scelta, direttamente a causa sua e di riflesso, nella sfera politica si è prodotto un diffuso effetto di vuoto. Come se, presa allora una così grande e storica, pur se discutibile, decisione, la politica avesse prima trattenuto e poi perso quasi del tutto il suo respiro. Perché? Principalmente perché, con la globalizzazione, il carattere nazionale e particolare, tipico per secoli della politica, è stato prima risucchiato e poi disperso in un mondo nuovo disegnato e dominato dal mercato globale. In che modo, con quale dinamica sono andate le cose?

Il potere politico è stato per secoli concentrato nella macchina dello Stato-nazione. Una macchina storicamente costruita per funzionare *a dominio territoriale chiuso*. Lo Stato controllava il territorio e il territorio era il naturale contenitore della ricchezza, agraria, mineraria, infine industriale. È così che il controllo della ricchezza faceva dello Stato-nazione l'erede e la sintesi delle antiche secolari funzioni del *forum*, ciò che gli dava titolo per esercitare il suo monopolio politico: battere la moneta, riscuotere le tasse, fare giustizia. La globalizzazione, spezzando la catena storica Stato-territorio-ricchezza, aprendo gli spazi, depotenziando confini e frontiere, ha di riflesso eroso i vecchi meccanismi di controllo e di disciplina, ha di riflesso ridotto, fino a uno storico *de minimis*, il potere statale. All'opposto, rimossi gli antichi confini, la ricchezza finanziaria, la parte strategica e sempre più importante della ricchezza, è divenuta sempre più forte, alata, apolide e irresponsabile, finalmente capace di volare sopra i territori, capace di volare fuori dall'antica gabbia dello Stato-nazione, nei nuovi cieli della repubblica internazionale del denaro.

È così che si è formato un ambiente a due livelli. Con i governi rimasti di sotto, sempre più deboli in sé, per la perdita di valore politico del loro storico dominio territoriale, e dunque sempre meno importanti, sempre meno utili. Quasi come dinosauri avviati a graduale estinzione in riserve non protette. Con il mercato e la finanza insediati e sviluppati al livello superiore, da questa posizione sempre più potenti e trascendenti e per questo capaci di risucchiare verso l'alto un enorme *quantum* di potere. Di aspirarlo con una nuova, finora mai vista, meccanica politica che, su scala globale e di massa, assorbiva e sostituiva – e ancora assorbe e sostituisce d'un colpo e tutte insieme, se pure in forma nuova e per così dire *banale*, non drammatica, non romantica, non eroica come una volta – l'equivalente delle antiche «dinamiche sociali», come nel «tumulto» di Machiavelli, nella «moltitudine» di Spinoza, nella «lotta di classe» di Marx. E tuttavia con gli stessi, a volte anche maggiori, effetti «rivoluzionari».

È così che la politica «classica», formatasi nel mondo dello Stato-nazione, rimasta al livello inferiore, ha cominciato a logorarsi e via via a dissolversi. È così che la sua curva ha cominciato a piegare verso il basso: tanto la curva delle idee e delle categorie, quanto la curva delle specie e delle figure politiche, la *galleria umana* del suo personale. È così che la domanda e l'offerta politica sono state sempre più quelle dei *followers*, sempre meno dei leader.[5]

È per questo che nel nuovo habitat della modernità globalizzata, salve alcune rimarchevoli eccezioni, in *par*

---

[5] Non era così una volta, con i vecchi leader politici temprati dalle lotte sociali, dai conflitti ideologici, dalle avventure umane, dal carcere anche, e dalle guerre, ma per questo chiamati a decidere nel bene e nel male sulle sorti, sul futuro, sul destino dei loro popoli.

È certo vero che già al principio del Novecento la *politica* entrava sempre più nell'*economia*. Ma allora la politica entrava in un tipo di economia *dura*, nell'economia del ferro e del lavoro, dei salari e dei conflitti di classe. Un tipo di economia che non modificava, ma anzi esaltava i caratteri strutturali originari propri della politica.

In ogni caso, questo primo trasferimento della politica nell'economia non è durato molto. Con la (Seconda) guerra mondiale e poi e soprattutto con la Guerra fredda, la politica è infatti tornata nella politica. Nella grande politica della guerra e della pace. È solo ora, nel tempo presente, che la politica pare tornata essenzialmente nell'economia, ma oggi in un tipo molto particolare di economia: nell'*economia finanziaria*. E dunque con una grande differenza, tra allora e ora. I vecchi summit erano tra leader, occidentali o comunisti, che sapevano di cosa parlavano ed effettivamente e drammaticamente decidevano tanto ciò che facevano quanto ciò che per fortuna non facevano. I summit di oggi sono invece tra nuove specie di leader, che poco sanno dei temi ipertecnici di cui tuttavia sono costretti a parlare, o comunque pretendono di volere parlare (*banking ricapitalization*, *deleveraging*, *basis point* eccetera), ma soprattutto poco possono comunque fare, cercando inutilmente di *rincorrere* il mercato finanziario.

condicio tra sinistra e destra, si sono avvicendate e si avvicendano sulla scena coorti di uomini politici sempre meno rilevanti, sempre meno consistenti, sempre più grigi. Un relativo grigiore e una relativa inconsistenza non compensati neppure dalla messa in scena di talune luminescenti «nuove» ideologie, come ad esempio la cosiddetta «terza via», che ora appaiono solo come la parodia delle ideologie vecchie e «gloriose».

È così che con la globalizzazione e per suo effetto ha preso forma e forza l'altro eccesso, l'eccesso simmetrico opposto: il crescente e dominante potere esercitato sulla politica dalla finanza, forte, questa, per la sua capacità di mobilitare e concentrare interessi colossali, forte per la sua vincente ideologia, forte per la sua capacità di accredito mediatico del mercato, in generale, e del mercato finanziario, in particolare, sistematicamente presentati come nuovi superefficienti sostituti della vecchia politica. È così che sulla scena sono apparsi – insieme con tanti onesti anche se a volte modesti – alcuni altri tipi di uomo politico, una miscela di ingenuità e astuzia politica: neofiti, ventriloqui della finanza, lobbisti, replicanti secondo liturgia il verbo mercatista dell'ortodossia finanziaria. Politici e finanzieri, finanzieri e politici fusi così alla fine insieme nel monoblocco fideistico e feticistico di un unico pensiero, di una stessa divisa.

Tutto questo non è stato notato o comunque è stato tollerato e vissuto pacificamente e senza traumi per tanti anni, fino a che le cose sono andate bene, fino a che è durata, con il progresso lineare continuo, la marcia trionfale del mercato globale. È solo con la crisi, è solo con le difficoltà che sono emersi e sempre più ora emergono in Occidente il vuoto e il deficit della politica contemporanea. È con la crisi che emerge l'asimmetria tra la *gravità* drammatica dei fenomeni in atto e l'*incapacità* politica di comprenderli, prima ancora che di affrontarli: sforzarsi di capire, vincere la tendenza a mentire, dire ai popoli la verità, entrare davvero e non a parole nello spirito difficile del nuovo tempo. I *communiqués* ufficiali resi pubblici al termine dei vertici internazionali, la rassegna degli *ipse dixit* ne danno piena evidenza. Perché tutta questa miopia, che non è stata solo nazionale, ma soprattutto nel suo insieme miopia occidentale?

È così perché sono state e sono ancora oggi troppo diffuse la droga illusoria, la soggezione, la subalternità della politica alla finanza. È così che, spesso in buona, a volte in cattiva fede, i governi occidentali nel loro insieme, anche inconsapevolmente e a vario titolo e con varia intensità, sono stati finora e troppo spesso portati ad agire come comitati di affari della finanza. Con intorno un dominante bestiario in colletto bianco.

I popoli, prima della politica, e dentro i popoli per primi i giovani, e poi via via le masse, tutti insieme, lo stanno ora gradualmente comprendendo, ne prendono coscienza, rifiutano di entrare o di restare nel tubo di *software* del pensiero unico, protestano e denunciano la doppia colpa, insieme della politica e della finanza. È

per questo che, prima di andare avanti, è bene riordi-
nare le idee, partendo dal principio, partendo da quel
folle e fallace apparato di strutture materiali e di sovra-
strutture culturali, di interessi attivi e passivi, evidenti
o mascherati che, in cinque anni, ha portato la politica
occidentale a compiere quei *tre tragici errori*.

*Il primo errore: la confusione tra un normale ciclo
economico e una crisi storica*

La mattina del 15 luglio 1789, al suo risveglio, Luigi
XVI riceve dal duca de La Rochefoucauld-Liancourt
la notizia della presa della Bastiglia e domanda: «Una
rivolta?». «No,» è la risposta «è una rivoluzione.»
    Il re in seguito forse usò anche lui la parola rivolu-
zione ma, dato il suo proprio meccano mentale, continuò ad attribuire a quella parola nuova il senso antico
dell'altra vecchia parola. E forse anche per questo arri-
vò poi alla ghigliottina, perché continuò a pensare che
si trattasse di una rivolta e non di una rivoluzione.
    È stato così anche per i governi occidentali quan-
do, a partire dal 2007, hanno ricevuto le prime notizie
dell'esplosione della crisi.
    Artefici e vittime del loro destino, questi hanno infat-
ti continuato a pensare, o meglio a non pensare, come
prima, catturati in massa da una grande illusione. L'illusione di un possibile e veloce superamento della crisi.
Si è usata certo, e quasi da subito, nei vertici internazio-

nali, la parola «crisi». Una parola che in verità viene dal greco antico e vuole dire rottura di continuità, discontinuità, cambio di paradigma. Ma, per inerzia mentale, per varia convenienza, si è continuato a pensare, a sperare, a illudersi che, meno radicalmente, si trattasse *solo* di un ciclo economico. Un ciclo magari più forte del solito, ma comunque sempre e solo un ciclo economico. È per effetto di questo scambio, tra parole e schemi mentali, tra ordinario e straordinario, uno scambio mosso insieme dalla superficialità delle analisi e dalla potenza degli interessi in campo, che ci si è illusi di potere *gestire* la crisi, senza curarsi di *capire* da dove veniva e perché avveniva. Si è ignorato che la crisi veniva dalla rivoluzionaria combinazione tra una nuova *geografia*, una nuova *tecnologia*, una nuova *ideologia*.

Veniva dalla *globalizzazione*, che di colpo, caduta la grande divisione tra Occidente liberale e Oriente comunista, ha unificato il mondo in una nuova geografia mercantile piana, apolide e irresponsabile.

Veniva dall'*informatizzazione*, che ha via via trasformato una quota enorme e strategica dell'economia in simboli e segni elettronici a circolazione globale istantanea e interconnessi in Rete, divenuta, questa, la «patria» della nuova finanza che, viaggiando in un circuito di computer mossi da motori automatici e da intelligenze artificiali, può moltiplicare potenzialmente all'infinito il numero degli scambi, il numero delle controparti e, di riflesso e quasi per magia, il volume della *ricchezza finanziaria*.

Veniva infine dal *mercatismo*, dall'ideologia che sovvertendo l'antico ordine politico liberale ha teorizzato e legittimato il dominio universale del mercato prima sullo Stato e poi su tutto il resto.

Una combinazione che nella globalizzazione e con la globalizzazione, in soli venti anni, ha cambiato la struttura e la velocità del mondo. Come mai prima era stato, nella storia dell'umanità.[6]

Ed è stato proprio con la globalizzazione e dalla globalizzazione, per i tempi e i metodi con cui è stata fatta, che è venuta la crisi.

Pensare che una mutazione così intensa e vasta nell'ordine delle cose potesse avvenire senza traumi era, ed è ancora, del tutto illusorio.

L'idea di un rapporto di causa-effetto tra globalizzazione e crisi è tuttavia un'idea ancora quasi del tutto assente nelle analisi economiche e politiche. Forse perché la globalizzazione, che pure in tante parti del mondo ha portato grandi benefici, è considerata un

---

[6] Certo, nella storia, ad esempio a cavallo tra Ottocento e Novecento, al tempo del cosiddetto *gold standard*, il mercato è già stato internazionale. Ma le strutture politiche di base restavano comunque nazionali e queste erano anzi paradossalmente tanto forti da poter quasi autodistruggersi, come fu con due consecutive guerre mondiali, forse una sola guerra con in mezzo un lungo armistizio. È stato poi ancora più o meno lo stesso, nel periodo successivo, nel periodo della Guerra fredda: mercato internazionale, certo, ma ancora veri Stati nazionali. Un conto è infatti l'estensione internazionale del mercato, un conto è, con la globalizzazione, il fenomeno nuovo dell'assolutismo mercatista transnazionale.

bene in sé ed è dunque possibile averne solo una buona opinione.

Senza una visione d'insieme, più o meno tutti i governi occidentali si sono dunque illusi che, scivolando attraverso il presente, fosse possibile gettare un ponte sulla crisi, proiettando tale e quale il passato sul futuro, come se nulla fosse.

Come se tra passato, presente e futuro ci fosse un possibile *continuum* e non invece quella radicale, totale *discontinuità* che è appunto tipica delle crisi.

È così che dopo il primo drammatico G20 di Washington (14-15 novembre 2008), un vertice basato sulla scelta del *primum vivere*, è via via calata la tensione. È così che pensiero e azione politici si sono uniformemente orientati verso la cosiddetta *exit strategy*, fondata su di un palinsesto politico comunemente concordato, su di una strategia dappertutto mirata al più veloce possibile ritorno ai livelli dell'economia *ante* crisi, considerati facilmente, nuovamente raggiungibili. Semmai avendo perso solo qualche anno di crescita. Come se con la crisi ci fosse stato un semplice incidente, sul percorso positivo e progressivo della crescita automatica propria e tipica del mercato globale, e non invece un drammatico *tornante della storia*.

È così che restando mentalmente, politicamente *fuori* dallo spirito del tempo, problemi di lunga durata sono stati gestiti con strumenti di breve portata, problemi straordinari sono stati gestiti con mezzi ordinari.

La maggiore forza in campo essendo in realtà la forza dell'inerzia che veniva dal passato.

Pochi hanno capito che una vasta quota della «ricchezza» del passato ventennio era basata sul debito e perciò sul nulla. Dunque una ricchezza replicabile solo con artifici cartacei a loro volta simili a quelli che della crisi erano stati la causa. Dagli «stimoli» fiscali applicati per sostenere la domanda di beni di consumo, ai «dollari distribuiti con l'elicottero», arrivando da ultimo alla cosiddetta «flessibilità monetaria», al cosiddetto *quantitative easing,* l'emissione elettronica discrezionale di crescenti volumi di nuova moneta, fatta per servire al sistema «tutta la liquidità di cui c'è bisogno» (*sic!*). Tutto quanto è stato fatto, a partire dal principio della crisi, e quanto tuttora viene fatto, è un po' come pretendere di disintossicare un alcolizzato continuando a somministrargli bevande alcoliche. Non si è compreso, non si comprende che non si era e non si è davanti a una congiunturale crisi di *liquidità,* causata da un difetto di fiducia o di circolante, ma davanti a una crisi strutturale di *solvibilità,* causata da un ventennale eccesso di debito. Perché è stata proprio la leva incontrollata del debito che prima ha sostenuto il miracolo istantaneo della globalizzazione e che ora ci presenta il suo conto.

Il conto di cosa? Si parla, quasi sempre ancora, e piuttosto superficialmente, di crisi da *subprime*: i mutui erogati a pioggia e a caso, quasi a chiunque ne facesse domanda e per questo detti non primari, non erogati a clientela affidabile, ma a clientela non sicura e per questo appunto detta *subprime*. Mutui poi insaccati in prodotti spazzatura e così fatti circolare sul mercato finanziario per girare ad altri il connesso rischio di credito. Pensare che questo sia il fenomeno vuol dire scambiare e confondere una parte con il tutto, l'effetto con la causa.

In realtà quello dei *subprime*, se pure molto importante, è stato comunque solo un settore. Ed è stata, quella operata su questa base, solo una specifica *tecnica* messa in funzione per creare un effetto artificiale di ricchezza finanziaria, con il risultato di drogare la domanda americana di beni di consumo fabbricati in Asia e venduti in America, in una meccanica di scambio tipica della globalizzazione. Certo, tutto questo non era un piccolo traffico. Ma quella dei *subprime* è stata comunque solo una parte, all'interno di un fenomeno enormemente più vasto: gli *squilibri* nuovi, intercontinentali e incontrollati, tipici della globalizzazione, tra enormi masse di *lavoro*, di *merci*, di *capitali*. Infine – e sarà (è) il culmine del dramma – squilibri tra masse di *crediti* e masse di *debiti*; tra creditori e debitori, tra blocchi di interessi privati e pubblici, di persone, di banche, di società, infine di Stati nazionali. Quest'ultimo tipo di squilibrio è già in essere all'interno dell'Europa. Sarà infine squilibrio tra *blocchi continentali*, tra USA e Cina. Squilibri che possono essere l'origine di nuovi vènti, di nuovi rischi di guerra.

Prima dunque l'*illusione* che potesse via via sorgere un tipo nuovo di capitalismo, titanico nella sua forza, cosmopolita nella sua nuova filosofia finanziaria, evangelico nella sua benefica proiezione globale. Poi, e proprio per effetto delle connesse colossali asimmetrie così create, è venuta la crisi. E questa è stata malamente gestita, come se poco fosse cambiato rispetto a prima e come se tutto potesse appunto tornare come prima.

Il secondo errore: pagare con denaro pubblico il costo dell'azzardo privato

Nel Vangelo è scritto che il «vino nuovo» va versato «in otri nuovi». Diversamente, se il vino nuovo viene versato in otri vecchi, «si rompono gli otri e il vino si disperde». È stato proprio così. Cinque anni fa molte delle principali banche globali erano fallite e i governi occidentali le hanno salvate versandoci dentro fiumi di denaro pubblico. Più in generale, cinque anni fa i governi occidentali avevano, verso le banche già fallite o in via di fallimento, un potere strategico assoluto, un potere come di vita o di morte. Ma, artefici e vittime del loro destino, non lo hanno usato se non assurdamente contro se stessi. Cinque anni fa i governi occidentali potevano fare quello che volevano. E di riflesso molti finanzieri, ad esempio al World Economic Forum del 2008 a Davos, altro non chiedevano se non di essere «nazionalizzati»! E invece i governi occidentali hanno passivamente scelto di fare quello cui aspirava il sistema di potere della finanza e delle banche: comprare tempo, fare finta di cambiare le regole, nel frattempo caricare sui pubblici bilanci le perdite accumulate negli anni della «finanza casinò», per poi continuare come prima e peggio di prima.

Un conto era evitare un collasso istantaneo, quale poteva essere causato dal blocco nella circolazione della liquidità all'interno del sistema finanziario, come il sangue dentro un corpo. Un conto era fare quello che invece è stato fatto: di più e di peggio.

Per il «salvataggio» delle principali banche fallite fu usata una formula salvifica. La formula delle «banche sistemiche». Una formula in sé giusta: le banche sono in effetti essenziali, nel *sistema* delle economie moderne, ne sono parti vitali e perciò sono appunto «sistemiche».

Ma a essere drammaticamente sbagliata è stata l'applicazione di questa formula. Proprio perché sono sistemiche, le banche non dovevano e non potevano continuare a operare nella logica del «casinò», prese dal virus, affette dalla peste dell'azzardo.

Cinque anni fa le banche fallite dovevano, potevano essere nazionalizzate e/o comunque radicalmente riorganizzate, prevedendo come condizione del loro salvataggio la drastica riduzione della loro dimensione, in modo tale che non ci fossero più banche sistemiche per il solo fatto di essere troppo grandi; prevedendo la separazione tra l'*attività industriale*, che è storicamente tipica delle banche – raccogliere rispar-

mio e capitali per finanziare imprese, famig
menti reali –, e l'*attività finanziaria* specul
invece tutt'altra cosa.

In sintesi, condizione di base per il salvataggio doveva e poteva essere la separazione fondamentale tra
economia produttiva ed *economia speculativa*. Non
offrendo alla speculazione sostegno e garanzie pubbliche, ma all'opposto avviandola verso un'ordinata
procedura fallimentare, così lasciando solo agli speculatori i rischi e i costi prodotti negli anni pregressi dal
loro azzardo.

Poco o niente di questo è stato invece fatto. Anzi! I
debiti privati sono stati trapiantati nei debiti pubblici.
I capitali pubblici sono stati erogati alle banche fallite quasi senza condizioni, con l'obiettivo o comunque
con il risultato finale di permettere al sistema di continuare come prima: *business as usual*. Il fatto che, in
alcuni casi, il capitale pubblico sia poi stato «restitui-
to» ai governi dalle banche salvate non contrasta con
quanto sopra. In quei particolari casi infatti, se pure il
capitale pubblico non è stato perso, è stata comunque
persa l'occasione storica e politica per agire alla radice
sulle cause della crisi. All'opposto, con i capitali pubblici – non fa differenza se erogati a fondo perduto o
poi restituiti – si è invece consentita la continuazione
in proprio del vecchio sistema deviato. Data la forza,
data la centralità politica della finanza e delle banche
rispetto ai popoli, al posto del vecchio *social welfare*
si è pensato dunque prima e soprattutto o soltanto al

bank welfare, girandone il conto alla collettività, così lasciata regolarmente esposta ai connessi rischi di sistema. Come ora stiamo vedendo.

Il terzo errore: scambiare regole false per regole vere

Non occorreva solo trattare diversamente le banche: una volta esplosa la crisi, si poteva e si doveva capire il ruolo strategico proprio delle *regole*. Se il mercato era diventato globale, il diritto non poteva infatti più rimanere locale. Il mercato globale non poteva restare senza diritto, dominato dagli enormi, conseguenti, anarchici squilibri, più un caos che un sistema. Secondo natura e ragione, il diritto doveva e poteva dunque essere allineato alla struttura della realtà materiale sottostante: globale l'uno, come l'altro. Come peraltro prefigurato nella grande Enciclica del 2009, *Caritas in veritate*. Cinque anni fa doveva e poteva essere avviato il disegno di una nuova *lex mercatoria*, qualcosa di nuovo, anzi di antichissimo nella storia del diritto: una nuova *tabula mundi*. Un nuovo *Global legal standard*. Si doveva e si poteva iniziare la scrittura delle nuove tavole della legge dell'economia globale.

Questo processo di allineamento tra economia e diritto è per la verità iniziato con la proposta italiana, al G7 del 2009, di scrivere nuove regole giuridiche globali, da inserire in un nuovo tipo di Trattato internazionale multilaterale (su tutto questo si tornerà più avanti). Ma fu spiazzata in velocità, questa proposta, da un processo deviante opposto. Confondendo artatamente i termini del problema, gli effetti con le cause, fu infatti detto che, essendo la crisi di origine e natura essenzialmente finanziaria, servivano regole solo per la finanza e non per l'economia globale nel suo insieme. Si è poi soprattutto aggiunto che le regole per la finanza, che per loro natura sono complesse, non le dovessero imporre i governi, ma piuttosto che le dovessero prima scrivere e poi proporre i finanzieri stessi, data la loro superiore «competenza tecnica». Un caso, questo, in cui l'aggettivo cancella il sostantivo, a danno tanto del buonsenso quanto del bene comune.

È così che, come un cavallo di Troia, è stato messo in campo il Financial Stability Board (su cui pure si tornerà più avanti). Un'entità che oggi paradossalmente, ironicamente, grottescamente dimostra *proprio* con il suo stesso nome (*financial stability*!) la sua opposta deviante ragion d'essere. È così che è stato comprato tempo e dirottata l'azione dei governi verso un obiettivo volutamente falso. È così che ora si è arrivati a un risultato opposto rispetto all'obiettivo dichiarato: non i governi che dettano le regole alla finanza, ma la finanza che detta le sue regole ai governi.

Cosa è cambiato dal 2008?

Nel gennaio del 2011, negli Stati Uniti d'America, è stato reso pubblico il Rapporto finale della Commissione nazionale di inchiesta sulle cause della crisi finanziaria ed economica che ha colpito gli USA a partire dal 2008.[7] Nelle conclusioni dell'indagine su quei fatti si legge in sintesi che: «La crisi finanziaria era evitabile; vaste falle nella regolamentazione e nella supervisione finanziaria sono state devastanti per la stabilità del mercato finanziario nazionale; drammatiche falle nel sistema di gestione delle società e nel sistema di controllo del rischio, in molte istituzioni finanziarie sistemiche, sono state un fattore chiave della crisi; una combinazione di debito eccessivo, investimenti rischiosi od opacità ha messo il sistema finanziario in rotta di collisione con la crisi; il Governo era mal preparato per la crisi e la sua incongrua risposta ha incrementato incertezza e panico nel mercato finanziario; si riscontra una caduta sistemica nell'affidabilità e nell'etica; la fiamma del contagio è venuta dai mutui immobiliari; i derivati OTC hanno molto contribuito alla crisi; le agenzie di *rating* hanno velocizzato il processo di distruzione finanziaria».

La domanda che ora dobbiamo farci è questa: da allora, dal 2008 al 2011, è cambiato qualcosa? Da allora, se qualcosa è cambiato, è cambiato in meglio o in peggio?

Secondo alcune stime, la bolla speculativa raggiungerebbe la cifra di 1,5 quadrilioni di dollari, cioè 1.500.000 miliardi di dollari, una grandezza più *astronomica* che *economica*! È in particolare così che la mas-

---

[7] Financial Crisis Inquiry Commission, *The Financial Crisis Inquiry Report, Official Government Edition*, 2011.

sa dei derivati, la finanza deviata, è tornata a crescere esponenzialmente, anche perché le scommesse si sono spostate sui tassi di interesse sui titoli degli Stati. Stati che prima hanno salvato la finanza, e ora per ringraziamento ne vengono divorati.[8] Ma non solo loro. La speculazione specializzata sul cibo, sulle derrate alimentari continua, infatti, con la sua aritmetica di morte, a causare disperazione nella disperazione dei Paesi poveri.

La speculazione è rimasta sistemica nelle banche sistemiche. È così che queste sono ora meno numerose di pri-

---

[8] Secondo la Banca dei regolamenti internazionali (BIS), il valore nozionale dei derivati *over-the-counter* (ovvero, la bolla finanziaria generata sui mercati non regolamentati) ha raggiunto a metà 2011 il suo nuovo massimo, pari a 707.569 miliardi di dollari, vale a dire oltre 100.000 miliardi in più rispetto a fine 2010. Infatti, il 31 dicembre 2010 la massa di derivati *over-the-counter* ammontava solo (si fa per dire) a 601.046 miliardi.
Dal 2008, ovvero dall'inizio della crisi, la bolla non si è affatto ridotta, ma almeno è rimasta sostanzialmente stabile: nel 2011 invece la crescita della bolla è ripartita, consentendole di stabilire un nuovo record assoluto.
Per avere un termine di paragone, secondo le stime ancora provvisorie del Fondo Monetario Internazionale, nel 2010 il PIL mondiale è ammontato a 62.911 miliardi di dollari, e questo significa che la massa dei derivati vale 11,2 volte il prodotto lordo del pianeta. Quasi tutta l'ultima crescita può essere in specie attribuita alle scommesse sui tassi di interesse, visto che il valore nozionale dei contratti sui tassi è passato, in soli sei mesi, da 465.260 a 553.880 miliardi dollari. In ripresa anche i CDS: tra dicembre 2010 e giugno 2011 il nozionale *outstanding* è infatti passato da 29.898 a 32.409 miliardi di dollari. In entrambi i casi sembra evidente la correlazione tra la crescita dei volumi e la tensione sui debiti sovrani europei. Gli Stati hanno salvato la finanza senza condizioni. La finanza ora attacca gli Stati senza pietà.

ma, ma hanno in compenso una maggiore forza relativa. Ad esempio, negli USA, passando attraverso un intensissimo processo di «distruzione creatrice», il numero delle grandi banche è sceso da 15 a 9, ma è proprio così che quelle rimaste sono diventate ancora più «sistemiche».

La finanza ombra (la *shadow finance*), che viene detta così proprio perché è attiva fuori dalla luce di ogni normale giurisdizione, ha ancora un volume pari alla metà circa del volume dell'attività finanziaria regolare!

Come premesso, per assicurare il *presente* della finanza, i governi hanno disperso i loro capitali e messo a rischio il *futuro* dei loro popoli.

Il resto si saprà, ma già oggi si viene a sapere (fonte Bloomberg) che in un solo giorno, il 5 dicembre 2008, tanto per cominciare a «combattere» la crisi, la Federal Reserve degli USA ha erogato al sistema bancario 1200 miliardi di dollari.

È così che i debiti pubblici hanno cessato di essere la medicina, per diventare essi stessi la malattia, perché la gestione della crisi, portata avanti trasferendo nei debiti pubblici le perdite private, prima ha fatto crescere i debiti pubblici e poi ha creato una nuova forma di selvaggia competizione diretta tra gli Stati che ne sono emittenti, dentro una forsennata dinamica concorrenziale, per cui ogni 8 secondi viene emesso 1 milione di euro di debito pubblico. Un processo che, alienando ogni Stato con la tensione sul suo debito pubblico, incrementa automaticamente e ulteriormente il potere della finanza sulla politica.

È così che, secondo il Fondo Monetario Internazionale, nei Paesi G20 entro il 2020 i debiti pubblici sono destinati a salire fino a un livello medio e difficilmente sostenibile del 120%, così bruciando nel presente il futuro delle prossime generazioni.

Ciò che è in specie paradossale, dentro questo circuito, è che molti, tra gli operatori finanziari, non sono affatto speculatori, ma «investitori istituzionali». Questi sono soprattutto fondi pensione, che investono sul mercato finanziario i risparmi previdenziali loro affidati dai cittadini. È così che, agendo dentro il sistema finanziario, proprio i fondi pensione se da una parte, guadagnando, cercano di garantire l'interesse dei pensionati loro clienti, dall'altra parte lo distruggono, mandando in crisi, con le finanze degli Stati, proprio quei servizi pubblici, dal welfare alla sanità, che, soprattutto per i pensionati, sono vitali ed essenziali.

Le agenzie di *rating*, pur essendo private, hanno continuato ad avere un ruolo pubblico.

Nessuna nuova vera regola per la finanza è davvero entrata in vigore, salvo il caso di alcune regole perverse. Continuano a crescere le regole per l'industria, per la manifattura, ma tipicamente non quelle per la finanza!

È così che nei loro vari tipi (*hedge funds*, *money market funds*, *exchange trade funds* eccetera) i fondi speculativi sono rimasti in campo, come prima e peggio di prima, con il loro armamentario di strumenti derivati e deviati.

È così che le giurisdizioni fiscali cosiddette «non cooperative» sono rimaste tali e quali a come erano prima.

È così che i bonus bancari non sono stati affatto ridotti, come si predicava in nome del bene comune, ma all'opposto sono cresciuti.

È così che l'élite finanziaria è rimasta a tenere le leve del potere e, evitato per ora il fallimento, somministra le sue lezioni morali e fallimentari ai giovani, ai popoli, ai governi. Da ultimo, non esitando nel ricorso alla presa diretta del potere.

È così che, dal lato dell'economia reale, al posto della crescita, facendo seguito alla crisi finanziaria, tutto accelerandosi in combinazione, ora sta arrivando il rischio di una recessione globale, destinata a sua volta a innescare una nuova crisi finanziaria. È così che la crisi continua dunque nella crisi, non scendendo ma all'opposto salendo di scala e di intensità. Come ha notato il governatore della Banca d'Inghilterra: «Forse la più grave di tutti i tempi».

È in specie così che la crisi non è stata superata, dopo cinque anni di politiche anticrisi. Politiche che l'hanno anzi aggravata, facendo perdere tempo e risorse, finora già bruciando o impegnando, tra capitali e garanzie, alcune migliaia di miliardi di dollari.

È difficile dire che tutto questo è ancora un «mercato» nel senso convenzionale e storico attribuito a questa parola.

Soprattutto, è difficile dire che oggi alla base di tutto questo c'è ancora un «sistema», un sistema economico di mercato. All'opposto, alla base di tutto questo c'è una composizione magmatica di elementi, di forze, di interessi, ciascuno con una sua specifica dinamica, ma non coordinati affatto all'interno di un sistema.

Un sistema è infatti tale quando dalla conoscenza dell'oggi si possono trarre ragionevoli previsioni sul futuro. Il sistema solare è, in questi termini, un sistema perfetto. Il sistema economico sovietico era inefficiente, ma era comunque un sistema. Quello che c'è adesso, creato dalla degenerazione finanziaria del mercatismo, agitato tra forze scoordinate, centrifughe o centripete, non è invece un sistema, ma un caos. E ciò che oggi è irresponsabile o folle è che gli Stati non lo capiscono, non lo contestano, ma gli obbediscono o, ciò che è ancora più tragico, comunque si sforzano di obbedirgli!

Oggi gli effetti di crisi non sono più limitati solo all'economia, ma sono estesi alla politica internazionale: dalla deformazione strutturale e costituzionale dell'Unione Europea, alla diversa e sempre più contrastante proiezione nel mondo delle altre due potenze geopolitiche, quella americana e quella cinese.

È sulla base di tutto questo che ora possiamo capire le ragioni per una diversa e urgentemente necessaria visione del mondo e comunque dell'Europa.

Lo faremo partendo dal principio, partendo dalla globalizzazione.

E poi analizzando più in dettaglio, insieme con gli errori che finora sono stati fatti, le alternative e le soluzioni possibili.

II
Il capitale «dominante»

Per come la possiamo vedere oggi, la nostra storia, la storia che abbiamo vissuto negli ultimi anni, può essere divisa in *due fasi* o meglio in *due ere*, scandite da un *ante* e da un *post*: *ante* globalizzazione, *post* globalizzazione. Fasi ed ere tanto diverse, quanto tra di loro comunque vicine, sull'asse del tempo.

Prima della globalizzazione, nel periodo che va dalla fine della Seconda guerra mondiale fino a pochi anni fa, il mondo era linearmente diviso in due blocchi: il blocco occidentale liberale, il blocco orientale comunista. Una terza parte del mondo era fuori da questa divisione e appunto si chiamava «terzo mondo». Era, questa, un'area indeterminata politicamente e poco rilevante economicamente, pur se già allora la più grande per popolazione.

Il mondo occidentale aveva una sua propria configurazione politica ed economica, strutturata a partire prima dalla Carta Atlantica (1941) e poi dagli accordi di Bretton Woods (1944).

Solo alla metà degli anni Settanta, sotto la pressione del *software* di potenza ideologica proprio del comunismo, allora dilagante nel «terzo mondo», dall'Asia all'Africa all'America Latina, l'Occidente si organizzò in un nuovo corpo politico: prima, nel 1975, nel castello di Rambouillet con il G6, e poi, nel 1976, a Puerto Rico con il G7. Quest'ordine è stato infine consolidato con la dottrina e nella dottrina cosiddetta del *Washington consensus* (1981).

Fin dal suo principio, negli anni Ottanta, il G7 era un corpo politico che, su circa 4 miliardi di persone, ne rappresentava più o meno solo un sesto, poco più di 600 milioni. E tuttavia controllava, nel vero senso della parola, circa il 60% del prodotto interno lordo del mondo. Il G7 poteva farlo perché era un corpo politico fortemente unificato da tre codici: da un codice linguistico (l'inglese), da un codice monetario (il dollaro), da un codice politico (la democrazia occidentale).

Minacciato dall'esterno dal comunismo, ma beneficiato al suo interno dalla residua rendita *post* coloniale che ancora l'Occidente esercitava verso il resto del mondo, pur dopo la fine politica ufficiale delle colonie, questo non era un mondo *giusto*, ma per chi ci stava dentro era un mondo tanto *fortunato* quanto *semplice*. I drammi e le complessità della politica si manifestavano all'esterno, in saltuarie e a volte anche violente tensioni geopolitiche, non all'interno dell'area protetta dallo schema G7.

In particolare, nel mondo *ante* globalizzazione, l'economia era soprattutto nel mercato e il mercato era soprattutto nello scambio di *cose materiali*: prodotti industriali e agricoli, container di merci, barili di petrolio, *bushel* di grano, strumenti e titoli finanziari (*bond*), questi ultimi tuttavia quasi sempre strutturati in modo lineare ed elementare. Tutto ciò integrava e rappresentava l'idea classica del mercato come «il luogo dello scambio di merci».

Per ogni operazione commerciale, su di un prodotto industriale, su di un container di merci, su di un barile di petrolio, su di un *bushel* di grano, su di un *bond*, il numero delle operazioni finanziarie era minimo, non più di tre o quattro: il pagamento del prezzo, l'assicurazione sul prodotto, se del caso l'assicurazione contro i rischi di variazione dei tassi di interesse e di cambio, considerata la normale separazione temporale tra la data del contratto e la data del pagamento, tra *money of contract* e *money of payment*. In ogni caso, un pacchetto di operazioni minimo e strumentale: l'economia finanziaria era infatti allora essenzialmente al servizio dell'economia reale e non una variabile da questa indipendente, come è ora. Nello schema di Marx era appunto più o meno questo il *capitale circolante*.

A fianco di un mercato così organizzato, c'era sì la finanza, c'erano sì le banche. Ma soprattutto queste erano banche commerciali o industriali, che stavano a loro volta all'interno dell'economia reale perché raccoglievano i risparmi delle famiglie, raccoglievano capitali, e prevalentemente investivano tutta questa raccolta sempre nell'economia reale e a proprio rischio, sotto la propria responsabilità.

In questo mondo semplice, dopo decenni, l'innovazione finanziaria più tecnologica, sofisticata e utile, e non per scherzo, è stato il bancomat! In questo mondo gli Stati stavano al livello superiore, conservando ed esercitando la loro storica sovranità politica, e la finanza stava al livello inferiore, al servizio dell'economia reale, restando rispetto a questa un'entità accessoria e strumentale.

Era un mondo che può essere graficamente e un po' sommariamente rappresentato come segue:

G7

USA, Giappone, Regno Unito, Germania, Francia, Italia, Canada

600 milioni di persone su 4 miliardi circa di popolazione mondiale;
circa il 60% del prodotto interno lordo mondiale

Poi è venuta la globalizzazione e con questa si è materializzata la citata grande dividente storica, tra *ante* e *post*, tra mondo *ante* globalizzazione e mondo *post* globalizzazione. Per il vecchio mondo del G7 il colpo di gong è stato suonato prima dall'attentato alle Torri gemelle e poi soprattutto dalla crisi finanziaria.

È così che, dopo due secoli, è definitivamente e improvvisamente terminato il «rapporto centro-periferia». Improvvisamente, perché nella storia venti anni sono un tempo davvero minimo. È così che è finita l'idea di onnipotenza di una parte sul tutto, del G7 sul resto del mondo.

Già in incubazione storica, in accumulazione progressiva, le forze più nuove e più dinamiche del mondo – tanto quelle dell'economia, con il maggiore tasso di incremento del prodotto interno lordo del mondo, quanto quelle della demografia, con l'emergere della parte più giovane della popolazione mondiale – si erano già formate, e da decenni stavano silenziosamente crescendo *fuori* dal vecchio G7. Ma poi, tutte insieme e di colpo, proprio con la globalizzazione, prima, e con la crisi finanziaria, dopo, queste forze hanno fatto irruzione sulla scena della storia e nel perimetro di forza e di fortuna del G7.

È così che, sostenute dalla loro nuova vitalità, enormi parti del mondo si sono di colpo liberate dalla forza di attrazione che, direttamente o indirettamente, per almeno due secoli, le aveva spinte verso la direzione unica del centro. È così che il vettore della storia ha cessato di essere *lineare* ed è diventato *circolare*.

Simmetricamente, il mondo non sarebbe più stato e non sarà più unipolare o bipolare, ma *multipolare*. E per questo, quello a venire è, e sarà, un mondo ad altissima complessità, sviluppato come un *arcipelago* di masse continentali, causa di enormi squilibri economici, sociali, politici.

Di fortemente positivo c'è, nell'evoluzione di questo scenario, che per la prima volta nella storia i rapporti geopolitici, gli equilibri tra le grandi strutture di forza e di interesse, i rapporti tra Stati, tra *stock* di ricchezza, tra aree territoriali e demografiche, non sono cambiati per effetto della sequenza classica «economia-guerra-economia», ma per effetto esclusivo della sola economia. E per ora senza guerre! In specie non c'è stato, proprio in questi anni di crisi, e per il momento, ciò che in altri tempi sarebbe stato invece normale, dati gli enormi squilibri in essere: e cioè una o più guerre.

E tuttavia, si ripete, pur senza guerre, i rapporti di forza sono radicalmente cambiati. È così che noi occidentali, soprattutto noi europei, siamo di colpo entrati in «Terra incognita». È così che siamo passati dall'età della certezza all'età dell'incertezza. È così che per l'Occidente, soprattutto per l'Europa, oltre la sua formale fine politica, è davvero finita, dopo l'età delle conquiste, l'età della rendita coloniale. Un'età durata fino a pochissimo tempo fa, un'età in cui l'Occidente, l'Europa, essendo ancora il centro del mondo, potevano piazzare i loro prodotti e i loro titoli quando volevano, nelle quantità che volevano, al prezzo che volevano. Ora non è più così.

Superato dalla globalizzazione, il vecchio G7 è stato incapace tanto di prevedere quanto di evitare la crisi. È per questo che è stato «sostituito» dal nuovo G20.

A differenza del vecchio G7, il nuovo G20 è un corpo politico che ha un'amplissima base di popolazione, pari nel 2010 a 4,5 miliardi circa di persone, ma che, a differenza di quel che faceva il vecchio G7, che esercitava una vera funzione di controllo, ora rappresenta, ma certo non controlla, circa l'80% del prodotto interno lordo del mondo.

Il G20 è del resto un corpo politicamente del tutto diverso dal vecchio G7. Diverso a partire dal fatto che non è più unificato dai tre vecchi codici un tempo tipici del G7. Non c'è un unico codice linguistico, perché altri parlano con orgoglio le loro lingue nazionali, diverse dall'inglese. Non c'è un unico codice monetario, perché oltre al dollaro altre valute contano e si contano in competizione: l'euro, il renminbi cinese. Non c'è un unico codice politico, perché altre forme politiche, molto diverse dall'antica democrazia occidentale, sviluppano le loro proprie particolari linee di potenza.[9]

Il nuovo mondo, il mondo G20, può essere così graficamente stilizzato:

G20

Arabia Saudita, Argentina, Australia, Brasile, Canada, Cina, Francia, Germania, Giappone, India, Indonesia, Italia, Messico, Regno Unito, Repubblica di Corea, Russia, Sudafrica, Turchia, Unione Europea, USA

4,5 miliardi di persone nel mercato e sul mercato
su 7 miliardi circa di popolazione mondiale

[9] Maggiori informazioni su ciò che è accaduto nel mondo negli ultimi venti anni, nella transizione dal G7 al G20, si trovano nell'Allegato n. 4.

Ciò che impressiona, in questo nuovo mondo, è proprio l'asimmetria dimensionale, l'inversione e la dissociazione che si sono create nel rapporto tra l'*economia reale* e la *massa finanziaria*. Asimmetria, inversione e dissociazione che sono evidenti nei grafici seguenti.

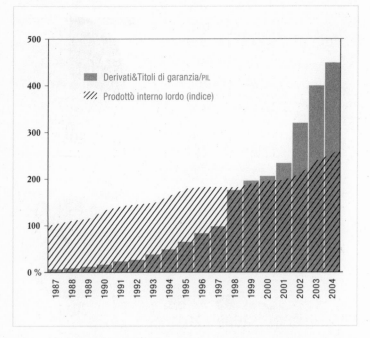

Fig. 1. L'ascesa dei derivati rispetto al PIL *nei Paesi del G10 (Belgio, Canada, Francia, Germania, Giappone, Italia, Paesi Bassi, Regno Unito, Stati Uniti, Svezia) e Svizzera.*

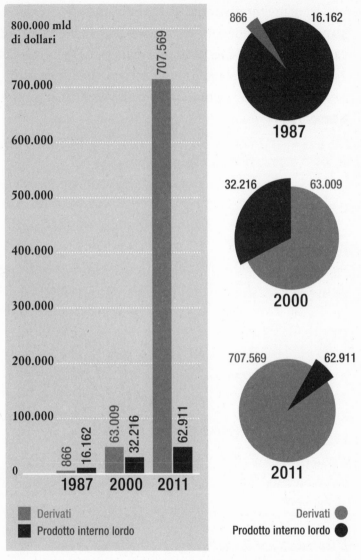

Fonte: ISDA, dati in miliardi di dollari. Per il 2011 fonte BIS, dati al 30 giugno

Fig. 2. Derivati e PIL *mondiale, in due diverse rappresentazioni che mettono in risalto l'aumento esponenziale dell'economia finanziaria negli anni della globalizzazione.*

Nel primo grafico (*fig. 1*), l'area tratteggiata rappresenta il prodotto interno lordo (PIL). Le colonne grigie rappresentano invece il volume della massa finanziaria composta dai derivati.

Gli andamenti mostrano non solo che c'è stata nel mondo una crescita mostruosa della massa finanziaria, ma che questa si è verificata e poi sviluppata proprio a ridosso e per effetto della globalizzazione.

L'accordo di liberalizzazione del commercio mondiale, l'accordo WTO (World Trade Organization) con cui a Marrakech in Marocco inizia la globalizzazione, è infatti del 1994. L'Asia ci è formalmente entrata nel 2001. Come è evidente, le dinamiche economiche espresse nei grafici riflettono queste date. La massa della finanza diventa pari a quella dell'economia reale nel triennio 1999-2001, per poi crescere senza più limiti.

In sintesi dai grafici risulta chiaro che oggi la grandezza crescente e strategicamente più rilevante, nell'economia del mondo, è appunto l'*enorme* e *abnorme* massa della finanza. Una massa che è esponenzialmente cresciuta, nello sviluppo e con lo sviluppo della globalizzazione e della tecnologia informatica, attraverso una forma di «doppia indipendenza».

L'indipendenza della finanza dall'economia reale

La prima forma di indipendenza è quella della finanza dall'economia reale, perché le nuove operazioni finanziarie, sviluppate nella Rete, luogo liquido e silenzioso e metareale, non sono più accessorie e strumentali, rispetto all'economia reale, ma possono essere e diventare, rispetto a questa, autonome e in pratica fini a se stesse.

Come si è premesso, tutto ciò ha nulla o poco a che vedere con il vecchio, ormai quasi archeologico, *capitale circolante* di Marx: quel tanto di *liquido* che veniva usato come un lubrificante, per fare circolare i *solidi*. Dall'uovo primigenio del capitale circolante è infatti venuto fuori, tra magma ed enigma, un tipo nuovo di capitale: quello che si è detto essere ora il *capitale dominante*. Una forma nuova di capitale che in soli venti anni si è autonomamente sviluppata attraverso successioni di numeri e segni astratti, indipendenti dalla realtà materiale sottostante, indipendenti dallo scambio di cose e perciò capaci di moltiplicarsi potenzialmente all'infinito. E che per questo è tanto forte da dominare tutto il resto: i mezzi di produzione, la forza lavoro, gli Stati, le nostre vite.

È stata la corsa della storia e poi della tecnica, una corsa all'inizio lentissima e poi in accelerazione progressiva, infine esponenziale, che ha prima reso possibile e poi prodotto questo effetto di astrazione-sostituzione: all'origine il passaggio dal *materiale* della cosa barattata al *metallo* delle monete usate per gli scambi, poi il passaggio dalla *carta* delle banconote alla *plastica* delle carte di credito e, infine, il passaggio dalla plastica al *segno informatico* che si fa valore in sé e per sé e senza più limiti.

Capitale deriva da *caput*, nel mondo primitivo il capo di bestiame. In questo nuovo mondo c'è in realtà ben poco che marchi il capitale nel senso fisico primigenio della ricchezza reale sottostante.

L'indipendenza della finanza dagli Stati

La seconda forma di indipendenza si manifesta conseguentemente nell'indipendenza di questa finanza dagli Stati. Indipendenza, perché la nuova massa finanziaria è fatta da un tipo di «moneta» che non è più battuta dagli Stati, non ne reca più la firma «sovrana», ma è battuta in proprio dalla finanza stessa, per suo uso e consumo. Una moneta che la finanza forma a modo suo: prima creando debito, poi indebitando gli altri.

È così che gli Stati hanno perso la loro sovranità e la finanza l'ha fatta sua. È così che abbiamo prìncipi senza moneta e moneta senza prìncipi e senza princìpi. Ma tutto questo non è stato solo uno scambio di sovranità, un arbitraggio di potere, tra Stati e mercati. È stata – è – una salita verticale sulla scala del rischio globale.

Nel 2008 l'esplosione incontrollata verificatasi all'interno della massa finanziaria ha infatti già prodotto fortissimi effetti di ricaduta sull'economia reale sottostante, facendola improvvisamente precipitare, come in un vuoto d'aria. A partire dalla destabilizzazione del commercio mondiale, il cuore della globalizzazione. Come è evidente nel grafico che segue.

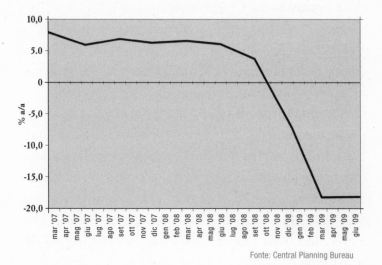

Fonte: Central Planning Bureau

Fig. 3. Il crollo del commercio mondiale a causa della crisi finanziaria del 2008.

Il problema che abbiamo oggi è che la crisi non è finita nel 2008 e con il 2008.

I rischi di ripetizione di questo stesso fenomeno, anche su più vasta scala, non sono scesi. All'opposto, sono saliti. Permangono infatti e anzi crescono i rischi di un'esplosione distruttiva, di un *meltdown* atomico all'interno della massa finanziaria. Una massa che, per effetto della crisi, negli ultimi anni si è anzi enormemente estesa, anche per l'incorporazione al suo interno dei maggiori debiti pubblici che gli Stati hanno fatto lievitare proprio per «gestirla». Anche i debiti pubblici essendo parte della finanza, e certo una parte non marginale e non la meno pericolosa.

Perché è così? Perché non è stato fatto niente per evitarlo? Per capirlo bisogna cominciare a entrare nella massa della finanza e vederla un po' più da vicino, per comprenderla meglio nel suo tanto poderoso quanto rischioso permanente meccanismo di funzionamento.

III
Il mercato finanziario tra geografia e alchimia

Per avere un'idea del mercato finanziario, come è fatto oggi e come funziona ancora dopo la prima esplosione della crisi, per avere un'idea tanto della sua dimensione quanto della sua collocazione, basta leggere le mappe inserite sotto, costruite come «metacarte».

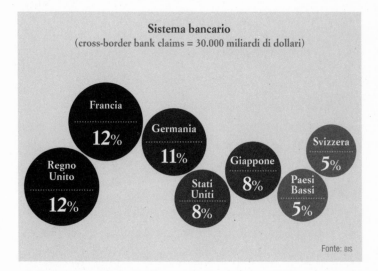

Fig. 4. Le interconnessioni finanziarie.

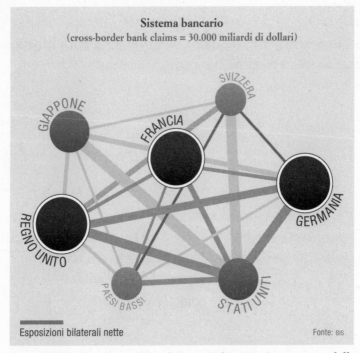

Sistema bancario
(cross-border bank claims = 30.000 miliardi di dollari)

Esposizioni bilaterali nette — Fonte: BIS

Fig. 5. I legami tra i principali sistemi bancari. Lo spessore delle linee è proporzionale al volume delle esposizioni bilaterali.

Ricordando che una metacarta è uno speciale tipo di carta che non segue la convenzionale dimensione geografica della realtà, ma altri parametri, altre dimensioni: economiche, demografiche, finanziarie. In questo caso si tratta di metacarte finanziarie.

Per essere chiari, a proposito del «metarapporto» tra finanza e geografia e delle sue variabili, va per esempio notato che, a un certo punto, sulla metacarta finanziaria del mondo l'Islanda era molto più grande della sua geografia fisica, perché era diventata essa stessa un gigantesco *hedge fund*; lo stesso per l'Irlanda, che si presentava quasi come una «portaerei» offerta a base per mega-operazioni bancarie e finanziarie progettate e gestite da fuori.

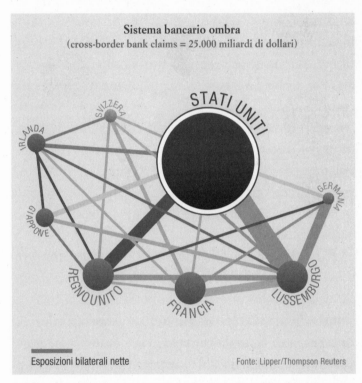

Fig. 6. Il sistema bancario ombra (fondi di liquidità, fondi comuni, hedge funds, fondi pensione, ETF).

Ma quello che oggi conta, per capire come è fatto e da cosa è fatto il mercato finanziario, è soprattutto il rapporto tra finanza e diritto. Un rapporto che un tempo era relativamente stretto. E che ora si è invece assolutamente aperto, modificando tanto la geografia quanto la morfologia e di riflesso la natura stessa del capitalismo. Non era così al principio. Nel corso dei secoli, e in quasi tutte le aree geografiche, sulla base di esperienze drammatiche fatte passando attraverso disastri storici e frodi incredibili, attraverso boom, magie finanziarie e bolle speculative, manie ed euforie di vario tipo, tutte regolarmente terminate in panico, collassi, traumi e tragedie non solo finanziarie, il mercato finanziario è infatti via via diventato un mercato sempre più regolamentato. Negli ultimi anni, tuttavia, fuori da questa tendenza storica indirizzata verso la regolamentazione, rompendone il corso quasi secolare, è venuta l'idea opposta, l'idea dell'utilità, della naturale bontà dell'indipendenza anarchica e autistica del mercato finanziario.

Paradossalmente e asimmetricamente, mentre crescevano le regole imposte all'industria e alla manifattura, decrescevano invece quelle previste per la finanza, proprio per rimarcarne lo stato di grazia privilegiato riconosciuto. È in specie, quella della deregolamentazione finanziaria, un'idea che emerge a ridosso della globalizzazione e qui – come si è già in parte anticipato sopra – per un doppio ordine di cause, tra di loro in definitiva connesse: a monte, l'ideologia della deregolamentazione; a valle, l'«asimmetria» tra mercato globale e diritto locale, che è appunto tipica della globalizzazione; infine sono venute le nuove tecnologie informatiche. Esaminiamo nel dettaglio queste cause.

L'ideologia della deregolamentazione

È, quella della deregolamentazione, un'ideologia, una politica che può essere in generale positiva, anzi molto positiva, contro l'eccesso di regolamentazione, contro quella «modernità negativa» che è oggi tipica dell'orgia legislativa. Ma, per le ragioni storiche di cautela cui sopra si è fatto riferimento, è una politica che non è automaticamente, ideologicamente estendibile proprio al settore finanziario.

È stato invece l'opposto, a partire dagli USA, la centrale dell'industria finanziaria. Qui, come si è già in parte notato sopra, il processo si è compiuto con due atti fondamentali. Prima con il Gramm-Leach-Bliley Act (1999), che ha disposto la sostanziale abrogazione della vecchia legge Glass-Steagall (1933) – che vietava la commistione tra banche ordinarie, banche d'affari e assicurazioni – così autorizzando le banche a mischiare credito, assicurazione e commercio, allentando i vincoli di leva a debito, riducendo le riserve a garanzia eccetera. Poi con l'approvazione, nel 2000, della legge sull'*over-the-counter* (OTC) che legalizzò i derivati.

E, via via, con l'eliminazione di molte altre regole. Ad esempio, un esempio tra i tanti, con l'eliminazione della vecchia empirica regola cosiddetta «dell'incremento». Una regola che era magari anche ingenua e aggirabile, ma che era comunque in sé corretta poiché prevedeva che, durante un *raid* ribassista su di un titolo, a un certo punto si dovesse interromperne la spirale, almeno fino a che sullo stesso titolo non si fossero manifestati, oltre alle vendite, anche acquisti, così reintegrando un mercato fatto appunto da acquisti, oltre che da vendite, da domanda e da offerta, e non solo dalla speculazione.

Alla base della scelta di eliminazione di tutte queste regole c'è stato un intenso processo politico, sistematicamente ispirato dall'idea che il mercato sa sempre quello che fa e perciò non sbaglia mai. E a maggior ragione sa quello che fa e non sbaglia mai il mercato principe, il mercato finanziario. Un processo politico e legislativo che non si è fermato agli USA, ma che parallelamente si è esteso, in forma attiva o passiva, a tutto l'Occidente.

L'asimmetria tra mercato globale e diritto locale

In aggiunta non ideologica ma geografica, più forte della deregolamentazione, che pur riducendola ancora comunque si basava sull'esistenza di un potere regolatorio, è venuta con la globalizzazione l'asimmetria tra mercato globale e diritto locale. Un'asimmetria che ha aperto agli operatori finanziari la porta per il fantastico regno dell'anomia, il varco verso enormi spazi di attività non solo deregolata, come in patria, ma appunto addirittura non regolata, a-regolata. E perciò impunita: cosa è infatti un illecito, un crimine, se non c'è una legge? O, ancora peggio, si è aperto lo spazio per attività posizionate dentro «giurisdizioni» finte – e pur tuttavia internazionalmente, acriticamente e ipocritamente riconosciute come tali dalle giurisdizioni vere – in simil-Stati, in cui l'unica regola era ed è quella di non avere regole, se non appunto regole finte.

È questo in particolare l'habitat in cui ha preso forma e consistenza il cosiddetto *shadow banking*, la finanza ombra, parallela alla finanza ufficiale e spesso in realtà di questa stessa emanazione irregolare.

La nuova tecnologia informatica

Infine, combinata con le nuove strategie giuridiche riduzionistiche e con l'apertura di nuovi spazi geografici, è stata decisiva a sua volta la nuova *tecnologia informatica*, la nuova istantanea tecnologia informatica globale: con i computer, con i motori di ricerca, con l'ingegneria e con le intelligenze artificiali messi al servizio della finanza.

È proprio così che, liberata quasi da ogni vincolo giuridico nazionale e proiettata nel mercato mondiale, la massa della nuova finanza è divenuta globale, perché ha trovato nella Rete la sua piattaforma tecnica di espressione e di espansione, la sua nuova «patria».

Una Rete nella quale la nuova ricchezza circola e insieme si autoalimenta senza controllo, crescendo esponenzialmente di volume, generando essa stessa in progressione ricchezze e specie finanziarie sempre nuove, prodotto esaltato dell'innovazione tecnofinanziaria. Mentre il vecchio capitalismo trovava un limite nei numeri finiti della realtà fisica, il nuovo capitalismo non ha limite nei suoi numeri, con questi anzi si autogenera, per serie numeriche potenzialmente infinite proprio perché sono serie metareali o surreali. È così che è nato un tipo di capitalismo interconnesso e illusorio deviato e derivato. Un capitalismo che, ancora dopo la crisi, è fatto da sigle astratte: CDS, CDO, ABS eccetera.

Un capitalismo artificiale e labirintico in cui è possibile vendere quello che non si ha né in proprietà, né in prestito: titoli veri, titoli «nudi», titoli inventati.

Un capitalismo in cui il falso diventa vero, in cui l'irreale si fa reale, un mondo in cui si crede più a quello che non c'è – ma a condizione che sia espresso nelle formule matematico-misteriche tipiche della tecnofinanza – che a quello che c'è.

Per averne un'idea basta osservare la formula che segue. Che è poi la più semplice (*sic!*) tra le formule in uso per calcolare il «valore attuale» (*sic!*) di un derivato, di un CDS:

$$
\begin{aligned}
PV = {} & (1 - p_1)N(1 - R)\delta_1 \\
& + p_1(1 - p_2)\left[N(1 - R)\delta_2 - \frac{Nc}{4}\delta_1 \right] \\
& + p_1 p_2(1 - p_3)\left[N(1 - R)\delta_3 - \frac{Nc}{4}(\delta_1 + \delta_2) \right] \\
& + p_1 p_2 p_3(1 - p_4)\left[N(1 - R)\delta_4 - \frac{Nc}{4}(\delta_1 + \delta_2 + \delta_3) \right] \\
& - p_1 p_2 p_3 p_4(\delta_1 + \delta_2 + \delta_3 + \delta_4)\frac{Nc}{4}
\end{aligned}
$$

La prima impressione che dà questa formula è quella di una magia capace di sintetizzare il DNA della nuova finanza. L'idea che trasmette è in specie quella dell'*alchimia* come religione rituale del nuovo capitalismo. Come Faust e Mefistofele creano l'*argent*, così la bulimia di ricchezza tipica e propria della nuova tecnofinanza la fa uscire dal limitato dominio della realtà fisica, davvero troppo piccola rispetto all'avidità, alla voglia di profitto degli operatori, e perciò tende a elevarla, iperbolica e velleitaria, verso l'infinito. Come per esempio nel caso del *software* disegnato per lo *high-frequency trading* che, senza intervento umano, invia migliaia di ordini, su tutti i mercati aperti, in pochi millisecondi. A fronte della moltitudine degli ordini così emessi, la quantità delle chiusure effettive è di norma minima, ma la conseguente estensione volatile del «valore» dei titoli è massima.

È così che la realtà vacilla nel niente quando, confondendosi e ibridandosi tra di loro, il reale con il surreale e il vero con il falso, è il niente che diventa realtà, mentre la realtà si fa niente. È così che prende forma un mondo fatto all'incontrario, in cui ciò che dovrebbe assicurare non assicura, ma all'opposto moltiplica il rischio. Non lo riduce e non lo isola, ma all'opposto lo estende senza fine e senza controlli.

Un capitalismo di cui molti conoscono poco e, per questo, fanno credere di sapere tutto. Un mondo in cui troppi conoscono davvero bene solo le leggi della giungla del profitto.

È per tutto questo che si è dissolto il vecchio ordine del mercato. Ed è da questo «caos» che è nato un tipo nuovo di capitalismo. Il capitalismo finanziario, prima dominante e ora per come è fatto morente, vittima ultima del suo stesso «caos».

È certo vero che subito, fin dal principio della crisi, a partire dal 2008, a fronte del *caos* ci si è posti la questione delle *regole*. Tuttavia, come si è notato sopra, il dibattito sulle regole è stato da subito limitato alla finanza, e non esteso invece come doveva ad aree più vaste dell'economia. E al centro del dibattito non sono stati messi i governi ma, per delega dei governi e soprattutto per richiesta della finanza, il centro è stato nel cosiddetto Financial Stability Board. Ed è anche per questo che la crisi continua. Come vedremo nel prossimo capitolo.

Il lettore che non è interessato a un'analisi dettagliata di questo tema può passare direttamente al capitolo V.

IV
Perché il rischio finanziario continua

Tutti i fattori iniziali di rischio ci sono ancora e la spiegazione della loro permanenza e del loro funzionamento si trova nell'analisi dell'attività, o meglio della non attività, del cosiddetto Financial Stability Board (FSB); ma anche nella meccanica di funzionamento dei *Credit Default Swaps* (CDS); nei criteri di Basilea III; infine nell'operatività delle agenzie di *rating*. Tutti co-fattori che agiscono in combinazione tra loro non solo sommando, ma moltiplicando i loro effetti negativi, come vedremo qui sotto.

Il Financial Stability Board (FSB)

Nel 2008, dopo lo scoppio della crisi finanziaria, la regina d'Inghilterra, in visita alla London School of Economics, si rivolse al corpo docente con una domanda: «Voi dove eravate?». La stessa domanda potrebbe rivolgerla oggi ai membri del Financial Stability Board.

Con una differenza, nel tempo e nella responsabilità: mentre i professori della London School non avevano previsto la crisi, il FSB è venuto dopo la crisi e proprio per questo avrebbe istituzionalmente dovuto contribuire, se non a gestirla, almeno a definire le basi per fermarla: essenzialmente, come dice il suo stesso nome, avrebbe dovuto lavorare per portarci verso la stabilità finanziaria (?!). In realtà, nei quattro anni che vanno dalla sua messa in campo a oggi, il FSB ha fatto esattamente l'opposto. Cosa è successo? È successo che il FSB ha funzionato da cavallo di Troia, fabbricato dalla finanza per entrare nella politica e batterla sul suo stesso campo. È successo che è stata ed è, quella del FSB, una missione insufficiente nel modo più astuto e paradossale: insufficiente per eccesso. Un eccesso esteso su 16.000 pagine, lungo 80 chilometri lineari.

Al FSB venne in sintesi affidata la missione di riformare la finanza per renderla più buona e più giusta. Il successo di quest'operazione, per chi l'ha congegnata, è dimostrato dai fatti: la crisi finanziaria continua e diventa più acuta, prendendo o a volte perdendo la forma niente affatto prudenziale tipica di un «equilibrio di squilibri». Dopo una breve penitenza le giurisdizioni non cooperative contano più o meno come prima; la ricerca dell'adeguatezza del capitale senza limiti al debito è più o meno demenziale e in ogni caso favorisce perversamente il carattere sistemico delle banche; a mercati e agenzie di *rating* viene restituita appieno la sacralità del giudizio inappellabile; i bonus dei banchieri hanno raggiunto nuovi livelli record. In sintesi: con il FSB possiamo davvero dire, come Candido, di essere nel «più stabile dei mondi possibili»?

Come è riuscito il FSB in questa operazione di «riforma» del sistema finanziario internazionale, controllandone processo e risultati?

Con l'inconcludenza dell'ipertrofia.

Perché nei suoi lavori si trova di tutto e di più. Come la richiesta di identificare *best practices* basate su quelle – incredibile ma vero – già applicate proprio dagli *hedge funds*! Non precisamente un buon esempio.

Questo catalogo, più astuto di quello che snocciola Leporello, costituisce il fondamento dell'agenda e dell'architettura del FSB, che si sono estese oltre misura, con la creazione di innumerevoli filoni di lavoro e sottogruppi che arrivano a coprire temi di importanza secondaria. Questa ipertrofia, l'essere impegnati su tutti i fronti, consente infatti di giungere a conclusioni su pochi e giustifica per contro i ritardi sui dossier più rilevanti. Le uniche misure concrete di intervento regolamentare e prudenziale (si fa per dire) portate a compimento, come gli accordi su Basilea III, sono infatti prima maturate in altri fori (Basel Committee on Banking Supervision) e poi presentate come grandi successi del FSB. Senza contare tuttavia, anzi soprattutto contando, che anche Basilea III è un «peccato capitale».

In sintesi il FSB, partendo fin dal principio dal lato sbagliato, dal lato della tecnica e non dal lato della politica, non poteva funzionare come fabbrica normativa.

In questi termini si era assunto una *mission impossible*? Sì. Ma lo si sapeva fin dall'inizio, quando le critiche erano presentate solo come polemiche personali. Lo si poteva capire mano a mano che passavano gli anni. Perché a un certo punto il FSB non si è fermato, denunciando onestamente la propria impotenza? Qual era dunque e poteva e doveva essere la vera missione del FSB? In realtà il FSB ha funzionato proprio perché *non ha* funzionato. Anzi, proprio perché *non poteva* funzionare. La reale misura della sua efficienza non era infatti, e non è, nella crisi bloccata o evitata per il futuro, non è nelle regole fatte, ma appunto nelle regole *non* fatte o peggio fatte *a rovescio*, «codificando» più o meno le stesse tecniche fallimentari all'origine della crisi. Perché la vera funzione del FSB era solo quella di far guadagnare tempo strategico alla finanza, prima per sopravvivere, e poi per tornare al centro della scena, esercitando come prima e più di prima il suo potere. E non solo.

A cinque anni dall'esplosione della crisi, consideran-do e sommando tanto quello che è stato fatto, poco e spesso in peggio, quanto quello che non è stato fatto, è infatti evidente che non solo persistono, ma anzi au-mentano i fattori che l'hanno causata, a partire dall'ec-cesso di debito.[10]

I *Credit Default Swaps* (CDS)

I CDS sono l'esempio principale della follia finanzia-ria contemporanea. All'origine, in sé, i CDS erano veri

---

[10] Ulteriori informazioni sul FSB si trovano nell'Allegato n. 5.

strumenti assicurativi. Non è più così, anzi. I CDS sono oggi la polizza dell'assicurazione più temeraria che si possa concepire. Vediamo come e perché. Un normale contratto di assicurazione è un contratto bilaterale tra due soggetti, stipulato per l'assicurazione dell'uno (l'assicurato) da parte dell'altro (l'assicuratore), contro un rischio specifico (dell'assicurato) coperto dalle riserve dell'altro (l'assicuratore).

Non è più così per i CDS. Per questi il rischio non è infatti quello proprio dell'assicurato, perché con i CDS ci si può assicurare contro il rischio di un altro. In specie, se nel mondo reale posso fare una polizza antincendio per proteggere la *mia* casa, nel mondo dei CDS posso assicurarmi contro il rischio che bruci la *tua* casa. Dato che il costo della polizza non è che una frazione del valore del bene assicurato, ecco che io trarrò un enorme profitto nel caso che la tua casa bruci davvero. Ma riuscirò a guadagnare anche semplicemente dicendo in giro che c'è puzza di bruciato e che ormai l'incendio sta per scoppiare. È proprio questo tipo di «opportunità» che estende a dismisura il mercato dei CDS.

È in specie così che, sulla originaria base assicurativa, si è inserita la funzione speculativa. Perché, così fatti, i CDS sono un prodotto che si trova sul mercato e dunque è possibile speculare sul loro valore, trasformando uno strumento di copertura dal rischio (*hedging*) in uno strumento che crea ed esaspera l'instabilità del sistema.

Oggi quasi tutto il mondo è coperto da una rete di CDS che hanno per oggetto le «case» (ovvero i titoli) degli altri, privi di rapporto specifico con il rischio sotto-stante. Infatti, rotto il rapporto specifico di controparte tra due soggetti e su di un rischio, è come se tutto fosse assicurabile, come se qualcuno o qualcosa potesse assi-curare qualcuno contro il rischio della fine del mondo! Denaro vero immesso nel mercato per creare una finan-za falsa, per cui tutti speculano, ma alla fine nessuno davvero assicura.[11]

I *criteri di Basilea III*

Basilea è una tranquilla città svizzera, adagiata sulle rive del Reno. Le sue principali attività produttive, in ordi-ne crescente di pericolosità sociale, sono gli orologi, il mercato dell'arte, la farmaceutica, la chimica, le assi-curazioni, le banche – queste soprattutto importanti al tempo del Terzo Reich e dintorni – e infine la regola-mentazione internazionale del credito.

Quest'ultima è per la verità una vocazione tardiva. Il primo accordo di Basilea (Basilea I) risale infatti solo al 1988 e venti anni più tardi è stato mandato in pen-sione da Basilea II. Disgraziatamente, questo secondo accordo è entrato in vigore tra il 2007 e il 2008, giusto all'inizio della grande crisi e proprio per questo è stato rapidamente rottamato. All'inizio fu presentato come la nuova frontiera della vigilanza prudenziale. Purtroppo,

[11] Ulteriori informazioni sui CDS si trovano nell'Allegato n. 6.

a dispetto del Comitato di Basilea, i vigilati non si rivelarono prudenti.

Sconfitto ma non domo, il Comitato di Basilea ha messo a punto un nuovo pacchetto di regolamentazione internazionale del settore bancario, denominato appunto Basilea III. Nel luglio 2011 la Commissione europea ha recepito le principali indicazioni contenute nel relativo accordo.

Le maggiori modifiche introdotte da Basilea III riguardano tre aspetti del sistema bancario: il *capitale* (a partire dal 2013); la *liquidità* (a partire dal 2015); la *leva finanziaria* (a partire dal 2018).

Per quanto riguarda il capitale, si prevede un rafforzamento dei requisiti patrimoniali minimi, tramite un aumento della quantità e della qualità del capitale proprio e dintorni.

Vengono inoltre introdotti particolari coefficienti di liquidità, per evitare situazioni di paralisi del mercato del credito. La leva finanziaria, quella che ha sollevato la bolla gigantesca del debito, è infatti all'origine della crisi e andrebbe pertanto drasticamente ridotta. Ma al tempo stesso è anche all'origine dei giganteschi profitti fatti dalla speculazione e di riflesso all'origine dei bonus dei banchieri.

Nessuna sorpresa, quindi, se il Comitato di Basilea su questo punto non riesce a cavare un ragno dal buco, e questo spiega il rinvio alla data più lontana – il 2018 – per far partire i nuovi standard. Qui sta infatti la questione. Se esco di strada con l'auto, una cosa da fare è controllare i freni e, se del caso, potenziarli. E potenziare i freni, nel mondo della finanza globale, significa avviare un processo di *deleveraging* per ridurre l'esposizione al rischio e di riflesso per ridurre i profitti e i bonus bancari. Qual è invece la filosofia di fondo di Basilea III? È che occorre mettere più cavalli nel motore. Invece dei freni, occorre potenziare il capitale delle banche!

Basilea III parte dunque dalla – e arriva alla – direzione *opposta* rispetto a quella che qualunque persona di buonsenso si potrebbe aspettare.[12]

Le agenzie di rating

Sulle agenzie di *rating* c'è una disinformazione, un'ipocrisia di base. Si dice che sono soggetti *privati*, e come tali non disciplinati e non disciplinabili con regole specifiche. Ciò è vero solo in minima parte. Si tratta di una verità obliqua. È vero infatti che le agenzie di *rating*, essendo soggetti privati, non sono in sé formalmente, ufficialmente disciplinabili. Ma tuttavia alcune importantissime regole le *presuppongono* e di conseguenza per questa via le *legittimano*! Così è ad esempio per la BCE; è lo stesso per la European Security and Markets Authority (ESMA) eccetera. In specie, gli accordi di Basilea II e poi III prevedono l'utilizzo

---

[12] Ulteriori informazioni su Basilea III si trovano nell'Allegato n. 7.

di valutazioni di soggetti esterni (appunto le agenzie di *rating*), considerate essenziali, decisive ai fini del calcolo delle attività rischiose presenti nel portafoglio delle banche.

Per questa ragione, pur se non ufficialmente regolate, essendo presupposte da organi ufficiali nella loro attività, le agenzie di *rating* sono importanti e, ciò che è più grave, possono essere esse stesse causa di rischio sistemico. È infatti ancora la loro *opinion* la pietra angolare su cui si regge l'edificio della finanza globale, un edificio che vale più di dieci volte il prodotto interno lordo mondiale.

Un'opinione, la loro, che crea o distrugge ricchezza, promuove o condanna intere società, banche, Stati. La natura «opinionale» dei giudizi delle agenzie di *rating* è nonostante tutto ancora un totem, benefico o malefico. Se il *rating* avesse un valore legale diretto, così come ha valore legale la certificazione di bilancio, episodi come il crac della Lehman Brothers non sarebbero rimasti senza conseguenze per le agenzie di *rating*. L'Arthur Andersen, una potente società di revisione contabile, venne rasa al suolo proprio per aver certificato i bilanci falsi di Enron. All'opposto, essendo private e perciò non essendo per loro fortuna ufficialmente regolate, nessuno ha chiesto conto alle agenzie di *rating* per il ruolo cruciale da esse svolto, per esempio nella messa a punto dei *subprime*.

Dal lato del mercato, è sempre più evidente il ruolo pro-ciclico esercitato dalla pubblicazione di un *rating*, soprattutto se si tratta di un declassamento, e se questo si presenta in una situazione di mercato negativa, come quella attuale. Prezzi, tassi d'interesse e *spread* si muovono infatti di conseguenza come le biglie impazzite di un flipper nel quale le due «palette» sono appunto i *rating* e i CDS.

Dal lato delle istituzioni, niente. Il Parlamento e il Consiglio dell'Unione Europea hanno adottato, a partire dal 2009, delibere volte a creare un registro di categoria, requisiti di trasparenza, vincoli ai conflitti di interesse e il controllo esterno da parte dell'ESMA. Ma finora appunto nulla di più![13]

[13] Ulteriori informazioni sulle agenzie di *rating* si trovano nell'Allegato n. 8.

V
Grecia, Europa

Caos, polveriera, baratro, collasso, catastrofe, minaccia per il mondo. Questo l'ultimo linguaggio politico. E a partire dall'autunno del 2011 anche il linguaggio ufficiale europeo si è fatto meno convenzionale del solito. Vi si parla di *unexpected event* (?), di *acceleration of the unfolding of the crisis*, di *severe stress*, di *warning in the* UE.

Cosa è successo, cosa succede? È successo, succede che il secondo mostro del videogame è apparso in Europa. Un mostro che oggi è più grande del primo, il mostro americano del 2008. Oggi l'Europa è infatti l'epicentro di una crisi che non solo è diversa da quella americana, ma molto più grave. Più grave perché non è limitata agli interessi dei privati, ma estesa agli interessi pubblici; non limitata alle banche, ma estesa agli Stati, così sommando insieme e di colpo le due forme di crisi più note nella storia finanziaria: la crisi *bancaria* e la crisi *statale*.

È poi una crisi che è ancora più grave per il fatto che la combinazione tra le sue due forme si manifesta dentro un ambiente, quello europeo, che da un lato è tale da farle esplodere a catena, come in un *meltdown* atomico, a causa delle interrelazioni economiche e finanziarie attraverso cui negli anni, «Europa su Europa», si sono sviluppati tanto il Mercato comune, quanto la moneta comune; dall'altro sembra incapace di gestirle con la necessaria visione, con la necessaria forza politica.

Così che quella in atto non è solo crisi di singole banche o di singoli Stati ma, nel suo insieme, è crisi dell'intera architettura economica e politica dell'Europa. Di riflesso, essendo l'Europa non solo l'area più ricca del mondo, ma anche e per questo un'area fortemente interconnessa con il resto del mondo, è essa stessa che oggi genera un rischio di crisi per il mondo. Si dice, delle banche cosiddette sistemiche, che sono troppo grandi per fallire (*too big to fail*). Lo si ripete per gli Stati, ma con il cinico corollario che potrebbe non essere vero! Probabilmente ora si può dire lo stesso anche per l'Europa: che anche l'Europa è *too big to fail*. O no?

Non che in Europa non fosse già arrivata, nel 2008, la crisi americana, o che, in parallelo a quella americana, non si fosse già manifestata una crisi autoctona di tipo simile a quello americano. Tuttavia, in definitiva, c'era stata allora solo una migrazione, da una sponda all'altra dell'Atlantico, di quella crisi, o la generazione autoctona di quello stesso tipo di crisi. Non la sua *mutazione* in una forma diversa e più grande, la sua trasformazione in un secondo mostro.

Il primo sito di apparizione del secondo mostro, del mostro europeo, è stata la Grecia.

In alcune parti del mondo si produce più storia di quella che *in loco* si consuma, e perciò la si esporta. Nei secoli passati è stato così nei Balcani e da ultimo, in fondo ai Balcani, ora è così in Grecia. La Grecia ha in specie prodotto e oggi esporta un tipo particolare di storia: la storia di un *fallimento*.

Di un fallimento non solo suo, ma dell'Europa nel suo insieme e di qui, con un potenziale effetto domino, nel mondo.

La Grecia in sé è infatti una parte piccola dell'Europa, tanto per popolazione – circa 11 milioni di persone, poco più di una media regione europea – quanto per produzione industriale, circa il 2% del PIL europeo. Ma per questo, proprio perché piccolo, il caso della Grecia poteva e doveva essere gestito con relativa facilità. Come si è visto, è stato l'esatto opposto. Ma è proprio questa asimmetria, tra un piccolo problema economico e la sua colossale malagestione politica, che ha sempre più minato e mina le basi di fiducia nell'euro. Se non siete capaci di intervenire qui, si nota da fuori, figurarsi in una regione più grande!

Per cominciare, la Grecia che è entrata in Europa soprattutto per la sua storia, perché «patria di Platone», è stata ed è un problema a causa della sua struttura politica e amministrativa quasi premoderna. La democrazia moderna si basa infatti sul principio parlamentare classico: *no taxation without representation*. Nel caso della Grecia pare invece che questo principio abbia subìto, subisca una rotazione, una deformazione:

representation without taxation. Così producendosi un eccesso combinato di debito pubblico e di evasione fiscale. Così e di riflesso distorcendosi oltre misura, oltre un accettabile equilibrio, il rapporto tra pubblici diritti e pubblici doveri. La pubblica amministrazione ne ha risentito, ne risente drammaticamente.

La Grecia è stata ed è un problema, poi, per come è entrata in Europa: con un bilancio pubblico «ombra», a fianco del bilancio ufficiale, a sua volta truccato.

Ancora un problema, per come il suo caso è stato gestito in Europa e dall'Europa: due anni di errori consecutivi, prima nella stima della dimensione e della dinamica della crisi greca, poi nella scelta degli strumenti da applicare. Prima orgogliosamente questi dovevano e potevano essere solo «europei». Infine, per successiva ammissione di impotenza, anche internazionali. A partire da quelli messi a disposizione dal Fondo Monetario Internazionale.

Un problema poi alimentato dall'esternazione sequenziale e dalla moltiplicazione di annunci contraddittori. Un coro stonato, cacofonico: la Grecia «si salva», anzi no; la Grecia «fa *default*», anzi no. Un coro al quale troppi hanno partecipato: governi, autorità, istituzioni, banche centrali e private diverse.

Ancora un problema, per gli effetti prodotti in Grecia dal trattamento finanziario curativo applicato: prima della crisi, il debito pubblico greco era pari al 119% del PIL; oggi è al 150% e, secondo le proiezioni, arriverà presto al 190%, principalmente per effetto della connessa conseguente recessione. Un caso in cui è evidente che, a seguito degli interventi curativi, a scendere non è stato il debito pubblico, ma all'opposto il PIL!

Un problema, per gli effetti di contagio, dalla Grecia all'Europa e di qui per catastrofe al resto del mondo.

Ancora, e forse il più grave, un problema per gli effetti di vischiosità e di paralisi che la crisi innescata dalla Grecia fa emergere dentro la macchina politica europea: più oggi c'è bisogno che lavori e funzioni, questa macchina, proprio per gestire la crisi, e meno questa macchina lavora, meno funziona. Il caso della Grecia è la prova che la macchina politica europea prima certo era capace di lavorare e di funzionare, ma in un mondo artificiale, perché per almeno due decenni il gioco era condotto dentro un mondo fortunato, in un'atmosfera rarefatta per la sostanziale assenza di problemi reali.

È così che siamo arrivati al dilemma finale fatale: la Grecia può uscire dall'euro? O no? No, si dice, a cominciare dalle ragioni giuridiche: l'uscita di un Paese dall'euro non è infatti prevista dal trattato istitutivo dell'euro. Anzi, questo è stato disegnato proprio perché non fosse possibile: «Tutti coloro che hanno avuto il privilegio di tenere la penna per scrivere la prima versione del Trattato di Maastricht hanno fatto in modo che un'uscita non fosse possibile. Siamo stati ben attenti a evitare di scrivere un articolo che consentisse a uno Stato membro di andarsene. Questo non è molto democratico, ma è una garanzia per rendere le cose più difficili, in modo che fossimo costretti ad andare avanti» (Jacques Attali). Tutto questo è del resto coerente con un «illuminato» *dictum* di Goethe: «Il primo passo è libero, è al secondo che siamo tutti obbligati».

E poi ancora no, si dice, per ragioni che sono insieme economiche e simboliche: il rischio classico del *simul stabunt aut simul cadent*. Il rischio fatale insito nella domanda: chi altri viene, dopo la Grecia? E dove arriva l'«effetto domino»: al doppio euro? Alla fine dell'euro? Tanto basta per porci una prima essenziale domanda: cosa ha causato, cosa causa in Europa una crisi così complessa?

Per cominciare, mettendo a confronto il caso americano con quello europeo, confrontando il primo con il secondo mostro, è in specie evidente che c'è, tra USA ed Europa, una differenza essenziale. Una differenza essenzialmente politica. Negli USA la crisi è stata infatti e fin dall'inizio, e in definitiva è ancora, soprattutto una crisi *bancaria*, risolta con una forte e concentrata *azione politica* del Governo. E sarà così, negli USA, sarà solo una crisi bancaria e non statale, fino a che gli USA avranno un forte potere statale, anzi «imperiale», a garanzia del loro crescente debito pubblico, alla base del loro potere di battere non limitate quantità di moneta.

In Europa è invece tutto molto diverso. Innanzitutto qui la crisi è diversa nella struttura: non solo crisi bancaria ma, si ripete, anche crisi di debiti pubblici. È poi e soprattutto è una crisi diversa per il diverso e più debole ambiente politico in cui è venuta a manifestarsi.

Gli USA sono infatti uno Stato federale, hanno un Governo federale, hanno una moneta federale, hanno una vera Banca centrale. Per questo hanno potuto e possono intervenire sulla loro crisi bancaria istantaneamente e potentemente: imponendo in *un* giorno, con *un* atto, *una* scelta politica. La scelta di immettere nuove quantità sia di debito federale che di moneta federale. Quando è esplosa la crisi finanziaria, la mano pubblica è infatti diventata improvvisamente visibile e si è sostituita all'istante all'invisibile mano del mercato. Tutto questo è stato appunto possibile perché negli USA la mano pubblica non solo c'era, ma era *una*.

In Europa è diverso: l'Europa è infatti certo un *unico* continente geografico, ha un *unico* mercato, ha una moneta *unica*, ma non è uno Stato federale, non ha un bilancio federale, non ha una Banca centrale di tipo federale.

Ci sono 17 Stati sovrani, nell'Eurozona; 28 Stati sovrani, nell'area dell'Unione. E dunque 17 o 28 governi; 17 o 28 parlamenti; 17 o 28 corti costituzionali; soprattutto 17 o 28 opinioni pubbliche.

Gli attori del mercato finanziario agiscono normalmente in forma unitaria e in tempo istantaneo. Gli Stati europei, se reagiscono, lo fanno invece su di una base pletorica e perciò lo fanno in modo *disorganico* e *lento*.

In sintesi, l'Europa non ha (ancora) una sola mano pubblica, una mano che nel pieno della crisi possa istantaneamente, efficacemente sostenere e/o sostituire la mano privata.

Un'idea piuttosto diffusa è che questa crisi ruoti intorno all'ostilità degli USA verso l'Europa, all'ostilità del mondo del dollaro verso il mondo dell'euro. Alla base di questa ostilità ci sarebbe la volontà di potenza americana, la volontà di conservare e difendere la storica forza del dollaro come moneta di riserva del mondo. Perché, dal lato americano, rinunciare a questa base di forza? Per questo, dall'altra parte dell'Atlantico, se non contro l'euro, si sarebbe a favore dell'euro, ma solo del tipo di euro che c'è stato finora. E cioè a favore di una strana moneta, capace di diventare forte o debole nel cambio sul dollaro, non solo per meriti o demeriti propri, ma anche perché essendo, per scelta strutturale e costitutiva, una moneta politicamente neutrale, è una moneta manovrabile dall'esterno e manovrabile anche, soprattutto dal dollaro. Ma ora comunque tutto questo cambia con la crisi, con questa crisi, che sta rendendo difficile proprio il permanere della relativa iniziale stranezza dell'euro. Ora, l'euro o diventa, come le altre monete, una moneta con dietro una politica monetaria o rischia di soccombere. Anche per questo, invece di sospettare degli altri, di accusare gli altri, è meglio capire – ma ci si ritornerà più avanti – che oggi è l'Europa che si fa male da sola. E di riflesso può fare male agli altri!

Ma torniamo ad analizzare il secondo mostro, il mostro europeo. La realtà che ci appare in Europa è molto diversa e molto più complessa – si ripete – rispetto a quella del 2008. In sintesi, ora in primo luogo c'è in

Europa la replica o la riemersione a catena tanto di crisi bancarie vecchie, prima non risolte, quanto di crisi bancarie nuove, prima non scoperte, e in secondo luogo ci sono anche i debiti pubblici, in Europa cresciuti velocemente con la crisi: una crescita percentuale in rapporto al PIL, perché questo calava al denominatore per effetto della crisi; per la scelta politica di utilizzo diretto del debito pubblico per la gestione della crisi, per evitare traumi sociali, per «stimoli» all'economia, per salvataggi bancari eccetera; è tutto questo, crisi bancarie più crescita dei debiti pubblici, che ha fatto e in verticale fa salire la crisi sulla scala del rischio sistemico. E infine ma soprattutto c'è in più, in Europa, l'assenza o l'inefficienza della mano pubblica, per la moltiplicazione di troppe mani pubbliche nazionali, ciascuna da sola insufficiente, ma pur sempre quasi tutte pretenziosamente attive in una logica ancora troppo autonoma. È per questo che si sta creando, o si sta ora scoprendo che c'è in Europa un fortissimo caotico *vuoto di potere*. Un vuoto che è tanto più drammatico perché, data l'altissima intensità della crisi, un forte intervento pubblico sarebbe invece sempre più necessario. All'opposto, è proprio la crescente evidenza dell'impotenza politica che in Europa e dall'Europa moltiplica la crisi, diventando essa stessa un fattore critico addizionale. Non solo l'Europa ha dunque problemi nei suoi fondamentali finanziari, ma ha ulteriori, ancora più gravi e sempre più evidenti problemi nei suoi fondamentali politici. E in specie l'Europa ha problemi costituzionali nei suoi Trattati di Unione; problemi che ora riemergono dalla sua storia; infine problemi addizionati dalla cattiva politica.

Il lettore che non è interessato alle origini della crisi europea può a questo punto saltare i prossimi tre capitoli, andando direttamente al capitolo IX.

VI
Uno *stress test* sui Trattati di Unione Europea

Come nei matrimoni, così nei trattati internazionali normalmente ci si impegna tanto per la buona quanto per la cattiva sorte. Ebbene, nei Trattati di Unione Europea, per riflesso e per proiezione dell'età dell'oro e dello spirito del tempo in cui tanti anni fa sono stati scritti, è evidente che l'enfasi è stata posta soprattutto sulla buona sorte.

Scritti prima della globalizzazione o comunque ancora ignorandone l'avvio, i Trattati di Unione incorporano in specie un sogno fatto quando si era ancora nell'età della certezza e della stabilità.

Per questo il loro spirito fondante è positivo e progressivo. Per verificarlo basta leggerli dall'*incipit*, a partire dai primi articoli: libertà, democrazia, uguaglianza, dignità umana, diritti della persona, benessere, sviluppo sostenibile, economia sociale di mercato, fine delle divisioni, progresso futuro parallelo eccetera.

Certo, come in tutti i matrimoni, anche nei Trattati di Unione c'è la formale previsione della cattiva sorte, c'è l'evento negativo. Un tipo di evento che è tuttavia sintetizzato e stilizzato in una formula minimale standard: «calamità naturali o causate dall'uomo». Formula che viene poi articolata con definizioni più specifiche: rischio politico, aggressione armata, guerra, conflitto, squilibrio economico. Tutte parole che, riferite a singoli casi, a singoli Stati, esprimono e tipizzano una casistica troppo specifica e comunque evidentemente troppo convenzionale e limitata, rispetto a quello che sta succedendo oggi.

In sintesi, nei Trattati di Unione, per il tempo e per il modo in cui sono stati scritti, non c'è *par condicio* tra il bene e il male: il bene qui è la regola e il male solo l'eccezione!

All'opposto, in questi ultimi anni, poiché stanno accadendo «più cose in terra di quante se ne sognano nelle filosofie», per citare Shakespeare, si è sviluppata un'impressionante cascata di fenomeni nuovi e negativi, nella forma specifica di due fatti che contengono in sé e producono un'alta intensità fenomenica e politica: la rivoluzione geopolitica, in atto dall'Atlantico verso l'Asia, destinata tra l'altro a modificare il corso della globalizzazione via Mediterraneo-Nord Africa e, soprattutto attuale nella sua drammaticità, la crisi economica.

Si usano qui e *pour cause* parole antiche: rivoluzione è rotazione dei termini di riferimento; crisi è discontinuità, cambio di paradigma.

La causa originaria della prima crisi, quella del 2008, si è manifestata, come si è notato sopra, nella finanza americana e il suo effetto principale è stato, con la caduta della fiducia, la caduta del commercio mondiale. La crisi ha di riflesso spinto, come nel resto del mondo, anche molti governi europei a fare crescenti deficit/debiti pubblici, in alcuni casi per garantire i diritti sociali, a partire dai diritti propri e tipici del *welfare state*, in altri casi per «stimolare» l'economia.

Subito dopo si è manifestata anche in Europa la caduta di molte grandi strutture bancario-finanziarie. I successivi interventi pubblici di salvataggio operati da molti governi europei hanno causato un ulteriore incremento dei deficit/debiti pubblici.

Dal lato dei Trattati di Unione, si possono notare due punti politici essenziali, che per omissione o per azione sono stati molto rilevanti tanto nell'origine, quanto nella gestione di questa prima fase della crisi.

1) A monte è fortemente mancato quanto era espressamente previsto nei Trattati di Unione: «La vigilanza prudenziale [...] su enti creditizi e concernente la stabilità del sistema finanziario». La Banca centrale europea (BCE) si è certo occupata dell'inflazione, intesa come paniere dei beni, come *basket of goods*. La BCE si è poi certo anche occupata, e qui con grandissima insistenza ed evidenza, dei deficit e dei debiti pubblici. Ma fin dall'inizio, nei lunghi anni successivi all'euro, è invece rimasta quasi totalmente muta sugli enti creditizi, sulla finanza privata, sulla sua degenerazione in leve di debito, in bolle immobiliari, in carte di credito eccetera. E poi ancora è rimasta totalmente muta sui

rischi che pure da qui potevano derivare e infine sono derivati, proprio per la stabilità dell'euro. La crisi bancaria europea lo dimostra con plastica, assoluta, primaria evidenza: in Europa la crisi ha infatti avuto origine nella finanza privata, non nella finanza pubblica, che per la crisi è poi stata anzi la medicina di pronto impiego, piuttosto che la malattia!

In sintesi, la BCE ha pensato e agito come se la stabilità dell'euro, questa la sua essenziale missione, dipendesse solo dal livello dell'inflazione o solo dai deficit/debiti pubblici, e non anche dalle criticità proprie della finanza privata, su cui in realtà non si è sufficientemente vigilato, né a livello nazionale né a livello centrale, e soprattutto a livello macroeconomico. In specie gli enti creditizi e la finanza privata, con le loro degenerazioni, sono stati totalmente ignorati, non osservati, non vigilati; la loro massa non è apparsa sugli schermi della BCE. Non è apparsa, si ripete, nemmeno a quel livello macroeconomico che pure era ed è di sua competenza. Un drammatico difetto di visione. Probabilmente è stato così perché la finanza privata era allora generalmente considerata incapace di sbagliare.

In realtà la lezione che ci viene dalla crisi dimostra che il rischio non era solo questione di *excessive debt* pubblico, ma anche e soprattutto di *excessive debt* privato! È forse anche per questo, per nascondere i suoi errori, che ora la BCE incolpa i governi per la non applicazione delle sanzioni a Germania e Francia per *excessive deficit* pubblico, nel 2003. Dimenticando che la crisi non è venuta da qui, non è venuta dai non vigilati o perdonati deficit o debiti pubblici (ad esempio nel 2007 il debito pubblico dell'Irlanda era minimo, pari al 25% del PIL; quello del Portogallo era pari al 63% del PIL), ma è venuta soprattutto dai dissesti privati ignorati!

2) Per contro, dopo il 2008 e quasi per compensazione di questo errore è stato fatto molto di più. Nella lettera dei Trattati l'evento crisi era ed è infatti previsto con riferimento solo a particolari eventi («gravi difficoltà nell'approvvigionamento di determinati prodotti in particolare nel settore energetico»), o con riferimento solo a singoli Stati: «gravi turbamenti della vita economica di *uno* Stato membro»; «qualora uno Stato membro si trovi in difficoltà o sia seriamente minacciato da gravi difficoltà naturali o circostanze eccezionali che sfuggono al suo controllo».

Dietro c'è anche una ragione specifica: la logica iniziale e basica dei Trattati era una logica *ex ante*, mirata a fare il mercato comune e per questo era una logica che necessariamente partiva dai singoli Stati, ancora considerati *as single*.

La crisi è invece arrivata, dopo alcuni decenni, su scala sistemica globale e su di un mercato a sua volta ormai già fatto, già aggregato e consolidato nel suo insieme appunto come sistema. Ciò ha imposto e/o non ha impedito di gestire la crisi con una forte determinazione politica, superando la lettera dei Trattati. Essendo chiaro che era necessario valutare e gestire la crisi per quello che in realtà era: una crisi sistemica di mercato sul mercato.

È in questo scenario, è in questi termini che è stato invertito il paradigma convenzionale europeo. E ciò è avvenuto tanto a livello macro, quanto a livello micro. *Ante* crisi, a livello macro c'era il vincolo di finanza pubblica e a livello micro c'era il divieto di aiuti di Stato. *Post* crisi, a livello macro è stato rimosso il vincolo di finanza pubblica e a livello micro è stato rimosso il divieto di aiuti di Stato.

Oggi è tuttavia drammaticamente evidente che questo tipo di interpretazione evolutiva ed estensiva dei Trattati non basta più. Ormai sono i Trattati stessi che non bastano più. Oggi l'intensità sistemica assoluta tipica della crisi richiede una diversa e molto più forte gamma di interventi. Interventi che tuttavia non sono certo facili, data la storia dell'Europa.

VII
Una passeggiata nella storia europea

Per capire cosa sta succedendo, cosa potrebbe succedere in Europa, basta scorrerne la carta storico-politica.

Una carta particolare, che tracceremo qui di seguito passando per tre luoghi che ne sono tipici: per Waterloo (la battaglia finale di Napoleone), per Westfalia (il luogo dove, dopo i princìpi della Pace di Augusta, si stabilirà definitivamente il *cuius regio, eius religio*), per Versailles (il luogo delle sanzioni alla Germania).

Per cominciare, una domanda: per l'Europa, Waterloo fu una vittoria o fu una sconfitta? Certamente fu una vittoria per l'Inghilterra e dunque per il nuovo mondo dell'Atlantico. Simmetricamente, fu una sconfitta per il vecchio mondo dell'Europa continentale. La sua prima sconfitta, dopo la prima globalizzazione.

Una sconfitta evitabile, certo. Perché nelle armate di Napoleone non c'erano solo il paganesimo della forza e lo spirito del giacobinismo, ma alla base anche l'illuminismo e dietro l'illuminismo c'era l'umanesimo cristiano, ciò che portò persino Voltaire a pensare e descrivere l'Europa come una *Grande République*. Una *Grande*

République insieme nuovissima e vecchissima, con un comune, grande, insuperabile fondo di religione e di cultura, di princìpi, valori e diritto. Come prima in Machiavelli, terra di libertà, avverso un'Asia dominata dal dispotismo.

Ma ora attualizziamo: ha ancora senso e utilità l'idea di Europa come una «grande repubblica»?

Certamente sì, perché la globalizzazione tende a ridurre il peso e il ruolo dei vecchi Stati-nazione europei, tende a salire di scala, tende a svilupparsi in un arcipelago nuovo fatto da masse e da blocchi continentali, tra di loro in continua e crescente competizione e contrapposizione.

Ma appunto, in questo scenario, quali sono oggi le ragioni, le chance positive o negative dell'Europa? È così che arriviamo al secondo luogo della nostra storia, a Westfalia.

Westfalia è, dopo la pace di Augusta, il luogo del definitivo prevalere del *cuius regio, eius religio*, l'origine e la base dei particolarismi, dei nazionalismi europei.

È qui che emerge il più grande, il più critico degli attuali paradossi europei.

Il nazionalismo è quasi del tutto e quasi dappertutto scomparso in Europa: scomparso dalla cultura e dalla musica, dai consumi e dai costumi, ma tuttavia – quasi per contrappasso – si radicalizza, e qui trova il suo nucleo di resistenza, in un ultimo punto strategico: nei bilanci pubblici degli Stati.

Certo, non può essere sottovalutata la rilevanza politica dei bilanci pubblici, perché questi da sempre contengono le virtù e i vizi dei popoli. Ma per contro è inaccettabile che tutto, la dimensione e la struttura, non solo dell'economia, ma anche della nostra vita – il nostro passato, il nostro presente, il nostro futuro – debba e possa essere concentrato, ridotto e misurato dallo *spread* o dal saggio di interesse pagato sui titoli di debito pubblico, in un giorno, in un'asta. Senza la minima analisi di base economica e di prospettiva storica. Quando basterebbe notare come Paesi che ora vanno bene solo pochi anni fa andavano male. Per tutti i Paesi le sorti possono infatti ribaltarsi, dal positivo al negativo, e farlo in un breve volgere di tempo. Anche perché ormai tutto dipende da tutti.

Finita in Europa, con la crisi, l'età del *deficit spending*, è certo che nell'equilibrio e nell'ordine dei bilanci pubblici c'è la fortuna di un Paese, la sua base di certezza nella coesione sociale, la sua capacità di raccogliere capitali pagando meno degli altri e per questo diventando più forti degli altri, premiati per la propria virtù eccetera. Ma questo è solo un punto di vista. E comunque l'unità di misura temporale necessaria per serie valutazioni politiche non può essere limitata a un anno o a un pugno di anni, ma va estesa a periodi storici più lunghi, tali da contenere un più organico complesso di fatti e di dati, positivi e negativi. La realtà del giusto rapporto tra Stati è infatti di norma molto più complessa di quanto viene fuori dall'equilibrio del bilancio di un anno o di qualche anno, ed è per questo che arriviamo al terzo luogo della nostra storia: a Versailles.

A Versailles, nel 1919, inizia la storia della sanzioni alla Germania: l'idea ottusa, propria della Francia vincitrice, di proseguire con altri mezzi, con mezzi economici, la sua guerra contro la Germania.

Oggi, non replicando la tecnica dell'austerità punitrice, è forse il caso di evitare una nuova Versailles, se pure fatta all'incontrario e per contrappasso, dalla Germania sul resto d'Europa. Forse è il caso di fare un bilancio che sia quanto più possibile ampio ed equilibrato. Per cominciare va notato che, con l'Unione Europea prima, e poi con l'euro, almeno al principio, più o meno tutti ci hanno guadagnato. La Germania ha avuto prima l'unificazione e poi l'apertura di enormi nuovi spazi di mercato. La Francia ha immesso e proiettato in Europa la sua storia e la sua tradizione di politica internazionale, e per inciso ha anche difeso con forza la sua agricoltura. L'Italia al principio ha messo dentro le mura della fortezza di Maastricht il suo enorme debito pubblico. E così via, Paese per Paese.

In ogni caso, nessun Paese può ora pretendere di salvarsi da solo, di farsi da solo un bilancio «con beneficio di inventario». Non ha senso, questa pretesa, perché non si possono ignorare ora, di colpo, le convenienze, gli interessi, i guadagni fatti nel passato. E neppure le prospettive future, tanto quelle positive, quanto quelle negative. Chi prima ha guadagnato, vendendo insieme tanto i suoi prodotti, quanto il debito necessario per comprarli, non può ora dimenticarlo. E non ci si può spingere troppo avanti nel protezionismo e nell'egoismo nazionale. Basta infatti leggere la carta economica e finanziaria dell'Europa per capirne il grado di integrazione e dunque per comprendere che non ci sono più solo problemi nazionali e che di riflesso non ci sono più solo soluzioni nazionali.

Per cominciare va notato che il mercato comune europeo è stato, ed è fatto tanto da *partite reali*, quanto da *partite finanziarie*. E, in questa doppia dimensione, ci si presenta in particolare come un mercato strutturato su vastissima scala e con altissima reciproca densità.

Cominciamo dalle partite reali. Sull'Europa è tracciata, da un Paese europeo all'altro, una comune fittissima rete di scambi di merci e di servizi.

In particolare l'export prevalente per l'Europa non è quello esterno, ma quello fatto «Europa su Europa». Oltre il 60% dell'export di Germania, Francia, Italia eccetera avviene strutturalmente verso altri Paesi europei, compresi quelli cosiddetti «periferici» (Grecia, Irlanda, Portogallo eccetera).[14]

E poi le partite finanziarie. Qui la realtà non è strutturalmente diversa, è soprattutto «Europa su Europa». Con la sola particolarità della non uniforme distribuzione delle partite, evidente nella loro concentrazione, con i connessi rischi, in alcuni Paesi della cosiddetta *core Europe* (Germania, Francia eccetera). A titolo indicati-

---

[14] I dettagli sul mercato comune europeo si trovano nell'Allegato n. 9.

vo, la Banca per i Regolamenti Internazionali ha appena stimato l'esposizione delle banche britanniche, francesi, tedesche e del Benelux verso Grecia, Irlanda, Portogallo e Spagna, inclusi i derivati, pari a 2500 miliardi di dollari al 30 settembre 2010. La quota tedesca è di 568,6 miliardi, quella francese di 440,4 e quella del Regno Unito di 431. Le banche britanniche sono specialmente esposte in Irlanda, con 225 miliardi di dollari, e in Spagna con 152 miliardi. Riguardo alle banche francesi, queste sono esposte per 224,7 miliardi verso la Spagna e per 92 miliardi verso la Grecia. Le banche tedesche sono esposte per 208 miliardi verso l'Irlanda e per 242 miliardi verso la Spagna. Quelle del Benelux sono esposte per 189 miliardi verso la Spagna, mentre le banche spagnole sono esposte per 109 miliardi verso il Portogallo.[15]

In sintesi, questo è un ambiente fortemente, sistematicamente interconnesso, in cui la crisi può fare esplodere rischi a catena, appunto come in un *meltdown* atomico, qui insieme economico e politico.

A un certo punto si è quasi per incanto avuta l'impressione che sotto la pressione della crisi, ma proprio per la consapevolezza politica tanto dei rapporti quanto dei rischi comuni, fosse possibile imboccare la via giusta. A un certo punto sono stati fatti, su questa via, i primi passi. È stato questo l'ultimo grande momento politico dell'Europa. Poi tutto sarebbe stato diverso.

---

[15] I dettagli di queste interdipendenze si trovano nell'Allegato n. 10.

VIII
La grande illusione di maggio, l'autunno di Deauville

Flashback. Indietro al weekend trascorso tra il 7 e il 10 di maggio del 2010.

Prima, il 7 di maggio, si tiene a Bruxelles il Consiglio straordinario dei capi di Stato e di Governo europei. Poi, tra il 9 e il 10, un Consiglio straordinario dei ministri Ecofin.

Nella notte tra il 9 e il 10, prima che all'alba fosse finalmente identificata una soluzione comune e positiva, si vide un po' di tutto.

Si vide chi, ipotizzando la fine dell'euro come moneta comune, ma conoscendone un piccolo segreto, guardava i codici identificativi nazionali stampati sulle euro-banconote: Z per il Belgio, X per la Germania, V per la Spagna, U per la Francia, S per l'Italia, R per il Lussemburgo, P per i Paesi Bassi eccetera. E già pensava prima a chiudere per una notte le sue banche e poi a operare sulle euro-banconote, con inchiostri speciali, le opportune correzioni identificative nazionali.

In altri termini, almeno in un primo momento, si escludeva da parte di alcuni la necessità di stampare nuove monete nazionali, essendo sufficiente, se pure con alcuni accorgimenti tecnici, continuare a usare le vecchie euro-banconote, ma non più come moneta comune, ma come nuove monete nazionali.

Poi, quando sembrava fosse già troppo tardi, si trovò la via giusta. All'alba di quel giorno e poi nei tre mesi successivi il nostro comune destino non è finito con la crisi e nella crisi, perché ha cominciato a prendere forma in Europa una nuova architettura politica.

Per vedere sul nostro paesaggio economico e politico il profilo nuovo proprio di questa architettura, era sufficiente ricordare l'Europa come era prima, e confrontarla con ciò che stava diventando, all'alba di quel giorno.

Prima della crisi, l'Europa era un continente geografico, era un mercato comune, aveva una moneta comune, ma non aveva in sé – se non *in nuce* – una reale *governance* economica e politica comune.

Dopo la crisi, sotto la pressione, e con lo stress della crisi, a partire da quel weekend di maggio, ha invece cominciato a prendere forma una nuova architettura europea. Un'architettura più politica che economica, basata su quattro pilastri: la BCE (la Banca centrale europea); il Fondo europeo di stabilità finanziaria (EFSF); il «nuovo» Patto di stabilità e crescita; la comune conseguente politica di responsabilità finanziaria.

I primi due pilastri erano previsti per una funzione di difesa *esterna*. I secondi due pilastri erano previsti per una funzione di disciplina *interna*. Vediamoli più in dettaglio.

La difesa esterna:

a) il primo pilastro di difesa esterna era nella nuova funzione «difensiva» affidata alla Banca centrale europea, da allora politicamente autorizzata a comprare sul mercato secondario titoli europei, per difenderli dalla speculazione;

b) il secondo pilastro, sempre di difesa esterna, era l'EFSF, destinato a diventare il nuovo fondo monetario europeo, più flessibile della BCE nella stessa funzione difensiva. Alla base, lo spirito della legge *Lend and Lease* di Roosevelt, la legge che finanziava l'armamento dell'Inghilterra durante la guerra contro il nazismo: se la casa del tuo vicino brucia, ti conviene prestargli l'estintore. Con, in più, la prospettiva di fare dell'EFSF uno dei possibili futuri veicoli per l'emissione di Eurobond.

E poi la disciplina interna:

c) il terzo pilastro su cui si doveva basare la disciplina interna era il nuovo Patto di stabilità e crescita, articolato su tre criteri: sessione di bilancio comune, sorveglianza, sanzioni per i Paesi devianti.

La sessione di bilancio comune era pensata ben più che come un impegno di calendario, di agenda e di soggiorno a Bruxelles.

Portava infatti con sé una fortissima e politica idea di «devoluzione» di poteri, dagli Stati all'Europa.

La sorveglianza doveva poi essere rafforzata, estesa anche alla finanza privata e dunque a tutte le grandezze critiche: dal debito delle famiglie al debito pensionistico implicito.

Le sanzioni per i Paesi devianti dovevano infine essere effettive e non virtuali, economiche e non solo politiche;

d) infine il quarto pilastro: la disciplina di bilancio.

Un pilastro non solo economico, ma essenzialmente politico, quasi ideologico.

La convinzione di dover fare, in tutti i Paesi, un'uguale politica di responsabilità.

L'Europa è infatti ormai un continente che produce più debito che ricchezza, più deficit che prodotto interno lordo.

Nell'insieme furono allora sufficienti l'annuncio e l'avvio di questa architettura politica, l'annuncio e l'avvio di un'Europa più unitaria e più coesa, per trasmettere all'esterno, sul mercato finanziario, un messaggio positivo, tanto economico quanto e soprattutto politico. Per verificarlo basta vedere come subito dopo si è positivamente sviluppato l'andamento degli *spread* europei.

Era a tutti evidente, in quei giorni straordinari, che la «cifra politica» era molto più importante della «cifra economica».

Più che un enorme e istantaneo impiego reale di capitali (all'inizio, l'ipotesi era limitata a circa 700 miliardi di euro), era allora importante, non solo in una logica di deterrenza contro la speculazione, ma anche e soprattutto in termini di fiducia sui titoli europei, il messaggio nuovo di unione nell'impegno per una nuova azione economica e politica comune dell'Europa.

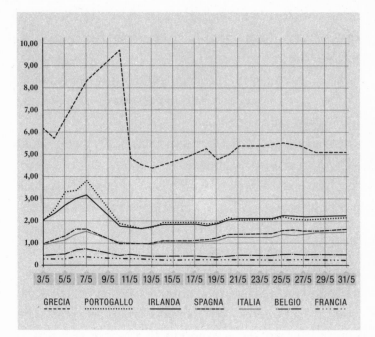

Fig. 7. Gli spread decennali rispetto al Bund nel maggio 2010.

Se infatti fino a quel momento la finanza internazionale era e agiva più unita che divisa, anche i governi europei per la prima volta cominciavano a essere più uniti che divisi.

Fu questa l'ultima generosa «grande illusione». L'illusione di costruire il futuro dell'Europa non in negativo, ma in positivo, e di farlo in base a una nuova comune ragione politica.

Poi, purtroppo, dopo la primavera, dopo *quella* primavera, è venuto l'autunno. E da allora tutto sarebbe cambiato. E non in meglio. In autunno, da Deauville, luogo di villeggiatura tipico della Belle Époque, è infatti venuto un messaggio radicalmente opposto. Qui è stato in specie detto, dai leader di Germania e Francia, che in Europa una firma sovrana, la firma apposta da uno Stato sui suoi titoli di debito, poteva essere equiparata a firma privata e, come questa, poteva essere ritirata o non onorata, attraverso l'apposizione di clausole di insolvenza di tipo privatistico. Chi comprava titoli pubblici non era dunque più certo di rivedere indietro i suoi soldi. Il rischio tipico del settore privato veniva così esteso al settore pubblico, che in questo modo veniva a sua volta privatizzato.

Nella casistica storica la sequenza normale è: prima il dissesto di uno Stato, poi l'annuncio di come lo si vuole gestire. Riducendo, cioè, con una sforbiciata (*haircut*) l'importo nominale degli impegni presi o ripudiandoli del tutto.

A Deauville per la prima volta la sequenza è stata invece invertita: *prima* l'annuncio mediatico politico pianificato dell'evento possibile di una pubblica inadempienza, *poi* le conseguenze. Nel pieno di una crisi di credito, tanto bancario quanto statale, non si è in specie ricordato o compreso che la parola credito deriva dal latino credere!

C'è infatti crisi, e un tipo di crisi che a sua volta genera crisi, non solo se la finanza non crede più nella finanza, ma anche e soprattutto se gli Stati non credono più negli Stati!

Il primo effetto del messaggio di Deauville fu costituito dalla diffusione dell'idea di una possibile, prossima esclusione della Grecia dall'Eurozona. Messaggio affatto singolare, questo, se si considera che tutte le euro-banconote contengono una parola scritta in greco!

Il solo annuncio di questa eventualità fornì l'occasione per speculare. L'Irlanda è crollata poche settimane più tardi.

Il vertice europeo del 16-17 dicembre 2010 ha in parte e confusamente corretto il messaggio di Deauville.

È tuttavia proprio così che l'Europa è entrata nella trappola dell'indebitamento. Una trappola che essa stessa si è costruita. Perché la sola idea di una clausola privatistica di insolvenza totale o parziale, o di garanzia parziale, non solo segmenta il mercato dei titoli pubblici, ma fa lievitare sul mercato tutti i relativi tassi di interesse. Infatti, non si è mai visto un investitore che, a fronte di rischi maggiori ufficialmente annunciati, se pure decide di continuare a investire, non chieda interessi più alti!

In sintesi si è creato caos, ignorando le due lezioni essenziali che finora ci aveva dato la crisi: in primo luogo, il «rischio di controparte» sposta automaticamente il *default* di un'impresa, o di una banca incorporata in un Paese, verso l'impresa o la banca controparte di un altro Paese. E infatti, se conserviamo ancora in Europa i vecchi confini politici, abbiamo però rimosso tutti gli altri confini, a partire dai confini economici. E in secondo luogo i debiti privati possono contagiare i debiti pubblici e viceversa. E, da un soggetto all'altro, da un sistema all'altro, da uno Stato all'altro, il contagio si può estendere inesorabilmente, come il fuoco in una prateria, dai sistemi bancari privati ai bilanci pubblici e, per questa via, può arrivare a distruggere, con le loro strutture economiche e sociali, la vita dei popoli.

Il dovere politico di rigore nei bilanci pubblici deve essere totale, per tutti gli Stati, in tutti gli Stati. Tanto rigore nel gestire e ridurre i debiti pubblici vecchi, quanto nell'evitarne di nuovi.

Ma è falsa l'illusione che i costi generati dalla crisi possano restare limitati al soggetto, al solo Stato dove se ne manifestano le origini. In ogni caso di naufragio, non ci si salva solo perché si è o si pensa di essere passeggeri di prima classe!

Eppure nel teatro politico europeo questa illusione, questo non razionale limite di visione, permane ancora oltre ogni logica, ancora dopo Deauville, anche quando ufficialmente si dice che non se ne vuole parlare più.

È stato in specie a Deauville, e a partire dal messaggio di Deauville, che insieme sono emersi in Europa i fantasmi del passato e s'è gettata un'ombra sul futuro. È da allora che sono venute fuori, in Europa, tutte le caratteristiche negative proprie della sua politica contemporanea: non solo l'eccesso di potere della finanza sulla politica, ma anche, e peggio, la dispersione nell'indecisione orizzontale del residuo potere politico europeo.

IX
Europa!?

L'Europa per almeno venti anni ci si è presentata o ci è stata presentata come il cantiere di una nuova e avveniristica modernità politica positiva: nuova, avveniristica e positiva era la mutazione che vi si operava nelle forme politiche classiche; nuova, avveniristica e positiva era poi la procedura di trasformazione in unione dei vecchi Stati-nazione. Tutto questo rischia ora di trasformarsi in un cumulo di macerie.

Perché? Perché per almeno venti anni in Europa la politica ha appaltato i lavori all'economia e questa a sua volta li ha subappaltati, prima al mercato e poi al mercato finanziario.

È stato così, è così che l'Europa si trova oggi rinchiusa in un quadrante delimitato ai suoi angoli da quattro anomalie quasi demenziali. Oggi, in un crescendo drammatico di esperienze e di evidenze, ci è infatti sempre più chiaro che abbiamo, in Europa:

– una crisi vera, ma una finta Banca centrale;
– una moneta senza Stati, ma anche Stati senza moneta;

– una crisi che passa in presa diretta dalla moneta alla politica, dato che è stata proprio la politica a costruirsi a immagine e somiglianza dell'economia, sintetizzata a sua volta nella moneta;

– una moneta senza governo, che trasforma la democrazia in una forma di governo della moneta mai vista prima.

Queste quattro demenziali anomalie vanno viste più da vicino.

Una crisi vera, ma una finta Banca centrale

L'Europa ha una moneta comune, ma non ha una Banca centrale comune e di riflesso, nel pieno di una crisi come questa, è quasi come se non avesse neppure una moneta comune. A differenza delle vecchie banche centrali europee, e a differenza delle altre banche centrali del mondo – la Federal Reserve degli USA, la Bank of Japan, la Bank of China, la Bank of England eccetera –, la BCE ha infatti alcune funzioni monetarie, ad esempio il controllo dell'inflazione, ma non ha la funzione principale e tipica che è storicamente e sistematicamente propria di una vera Banca centrale: la missione di agente del governo, di garante di ultima istanza (*lender of last resort*). Garante nel sistema, del sistema, per il sistema. In un diverso e remoto contesto storico, nel 1694, la Bank of England nacque proprio con questa funzione.

Questo assetto funzionale anomalo e asimmetrico, un assetto che rende appunto la BCE molto diversa dalle altre banche centrali, è stato poco rilevante prima della crisi e/o in assenza di crisi, fino a che cioè ha funzionato in Europa la scommessa sullo sviluppo pacifico perpetuo, quando c'era tutto da prendere, niente da perdere, niente da rischiare. Oggi questo limite di operatività della BCE è invece drammaticamente rilevante. Dentro una crisi del tipo ora in atto, una vera Banca centrale dovrebbe infatti avere la funzione fondamentale di evitare che problemi di *liquidità* si trasformino in problemi di *solvibilità*. Una funzione, questa, che è vitale, soprattutto se a rischio non è una parte del sistema bancario, o l'intero sistema bancario, ma soprattutto se è a rischio uno Stato o più Stati. Va in specie notato che quasi sempre, in casi di crisi di liquidità-solvibilità non è neppure necessario, da parte di una Banca centrale, intervenire davvero. È infatti in genere sufficiente annunciare *ex ante* un intervento di questo tipo, dichiarare di essere pronti a farlo. Questo normalmente basta per interrompere sul nascere ogni attacco speculativo. Perché? Perché nessun privato dispone di quantità di moneta pari a quella che è propria o che è creabile da parte di una Banca centrale. Inoltre, se anche la speculazione potesse mobilizzare una sufficiente (enorme) quantità di denaro, comunque non la muoverebbe contro una vera Banca centrale, perché ne perderebbe subito una quota, dato che «stampare moneta» o fare *quantitative easing* porta con sé il rischio di inflazione e dunque il rischio di perdite per l'investitore, che comprerebbe a 100 ma, per effetto della perdita di valore della moneta causata prima dall'intervento pubblico e poi dall'inflazione, potrebbe subito trovarsi con $100-x$. Dove x è normalmente maggiore del profitto da speculazione.

Tuttavia, c'è poco o niente di tutto questo in Europa. Certo, la BCE ha la sua sede a Francoforte, ma questa evidentemente non è stata, non è considerata garanzia sufficiente. Poiché prevale da allora e ancora, all'opposto, la diffidenza verso quant'altro, diverso dall'euro e dalla BCE così fatti, sia più prossimo all'idea di una vera moneta comune gestita in comune. In sintesi, da parte di tutti gli Stati europei, la scelta fu allora ed è ancora quella di rinunciare alla propria moneta, ma anche di rinunciare all'idea di creare una vera moneta europea che fosse gestita, per conto comune dei singoli Stati, da una vera Banca centrale europea. Senza una Banca centrale, finita la luna di miele, arrivata la crisi, è sempre più evidente che i limiti di operatività della BCE producono, in presa diretta, crescenti limiti di credibilità dell'euro stesso. Come si sarebbe detto a Bisanzio, più che una vera moneta, l'euro ci appare oggi, in questi termini, come una «quasi moneta».

È per tutto questo che in Europa, sotto la pressione della crisi, e in accelerazione nell'ultimo anno, non si è fatto quello che si doveva fare – far funzionare la BCE come una vera Banca centrale – mentre si è fatto quello che non si doveva fare. Da Deauville a oggi si è perso tempo, facendo ricorso a vari e confusi espedienti sostitutivi. In particolare, in questo anno sono stati fatti e/o sono ancora in corso ben tre erronei tipi di intervento.[16]

Una moneta senza Stati, ma anche Stati senza moneta

I misteri e le leggende sulla creazione dell'euro sono numerosi e, da un lato con il passare del tempo, dall'altro lato con l'intensificazione della crisi, si stanno ora via via disvelando. A partire dai segreti, dai codici misterici che circondano l'unificazione della Germania.

Quel che comunque è già certo è che l'euro è una moneta continentale che, come tale, dovrebbe principalmente riflettere i fondamentali continentali dell'economia sotto di esso unificata. Ma è davvero così? Per esserne sicuri si dovrebbe rispondere a questa domanda: perché al momento della creazione dell'euro, il 1° gennaio 1999, il rapporto tra euro e dollaro era pari a 1,16, un euro cioè valeva 1,16 dollari, mentre ora è pari a 1,30?

Cosa è successo? Si è rafforzato l'euro e simmetricamente si è indebolito il dollaro, a seguito di differenze reali nei rispettivi sottostanti fondamentali economici, o c'è sotto un effetto artificiale, prodotto del fatto che, a differenza del dollaro, l'euro è volutamente una mo-

---

[16] Ulteriori informazioni sui tre erronei tipi di intervento operati in sequenza a ridosso di Deauville si trovano nell'Allegato n. 11.

neta senza politica e dunque una moneta passiva e non attiva e perciò tale da lasciare libero campo di azione alla sua moneta concorrente?

In ogni caso è certo che l'euro, essendo strutturalmente una moneta continentale e non nazionale, e con un cambio unico, programmaticamente non riflette i fondamentali propri delle economie dei singoli Stati nazionali, e anzi, rispetto a questi – a causa delle divergenze e asimmetrie che sono rimaste dopo la sua creazione e che poi sono state amplificate dalla crisi – può presentarsi e può essere sentita a volte addirittura come una moneta un po' «aliena». Aliena e per certi versi anche ostile. *Rebus sic stantibus* ostile, non solo per via del cambio unico, rigido e non variabile e flessibile, ma soprattutto ora ostile perché, per come è strutturalmente organizzata, priva i singoli Stati degli strumenti necessari per gestire una vera crisi. Strumenti che non ci sono a un livello superiore, per come sono fatti l'euro e la BCE. E non ci sono neppure a un livello inferiore, perché gli Stati non hanno più una moneta propria e una Banca centrale propria. E forse ora vorrebbero avere una Banca centrale e una moneta europea vere, non per svalutare opportunisticamente in proprio la loro valuta nazionale, come una volta, ma solo per difendersi!

In sintesi, mancano in Europa gli strumenti necessari e legittimi per gestire una crisi strutturale, fondamentale e drammatica come quella in atto. Strumenti che ci sono sempre stati in Europa, prima dell'euro, e che sono presenti in ogni altra parte del mondo. Ecco perché da fuori, dal resto dell'Occidente, dall'Asia non si investe più o si investe sempre meno in titoli denominati in euro: perché non se ne capisce la struttura quasi suicida! Si sente dire: «Se non ci credete voi, perché dovremmo crederci noi?». Ecco perché ora servirebbe una vera Banca centrale europea, per conservare, non per logorare l'euro. E poi gli Eurobond, per le forti ragioni che saranno esposte più avanti.

Certo, in Europa gli Stati devono e possono introdurre crescenti cifre di rigore, all'interno dei loro bilanci pubblici. Non c'è infatti alternativa a essere più rigorosi, finita con la globalizzazione l'era del *deficit spending*, come si è scritto sopra e come si scriverà ancora qui di seguito. Ma il rigore di bilancio, se è necessario, non è tuttavia l'unica medicina efficace. All'opposto, se la crisi non viene gestita con la manovra sulla moneta, ciò finisce per destabilizzare a sua volta i pubblici bilanci, facendo salire il costo del debito fino a renderlo ingestibile. Ed è proprio arrivando a questo stadio terminale che la crisi genera a sua volta crisi, e la aggrava, e infine immette gli Stati in spirali distruttive.

Europa ed economia

All'origine, la fortuna dell'Europa si è basata anche sul cosiddetto «metodo Monnet», sull'idea di «inventare la politica con l'economia»; sul «federate i loro portafogli, federerete i loro cuori!». Ma ora si è andati troppo oltre. Per come ci si presenta oggi, l'Europa non è infatti una struttura politica che ha un'economia. L'Europa è all'opposto un'economia che ha disegnato e piegato a sua immagine e somiglianza la propria struttura politica. Non era così all'inizio, non era affatto così nella fase eroica dei princìpi e dei valori. E non è stato così ancora a lungo, nella fase del MEC, del Mercato europeo comune. Un mercato comune, certo, ma tra separati e tuttavia veri Stati-nazione. Sarà stata una realtà ancora troppo nazionale e poco comune, poco europea, ma allora era comunque ancora la politica che prevaleva sull'economia. I banchieri non erano ammessi, neppure nelle anticamere. Tutto è cambiato, e non tutto in meglio, quando, resa finalmente possibile dalla caduta del muro di Berlino e dall'unificazione tedesca, è venuta l'era dell'euro. L'era della moneta, il motore primo dell'evoluzione ultima dell'Europa. L'euro era una moneta già da tempo preparata in laboratorio. Per questo fu possibile metterla subito in campo, sfruttando l'accelerazione storica impressa dalla caduta del muro di Berlino e dalla volontà di evitare una conseguente crisi mondiale. Una moneta che fu dunque applicata alla realtà con la tecnica autocratica istantanea tipica del «colpo di manovella». È così che il mercato, concentrato e sublimato nella moneta, ha di colpo spiazzato e sostituito la politica, che per suo conto, volontariamente e progressivamente, si è messa al servizio del mercato prima, e poi soprattutto del mercato finanziario, tanto dentro i vecchi Stati-nazione, quanto sopra questi, sia nelle nuove, quanto nelle vecchie, se pure potenziate *ad hoc*, sedi comunitarie.

Come nel resto del mondo, così in Europa, fino a che le cose sono andate bene, nessuno ne ha sofferto e nessuno, o pochi, se n'è accorto. È con la crisi che ora invece vacilla l'idea che la politica sia sempre più nell'economia. È con la crisi che cade il mito generale del mercato e in specie del mercato finanziario che sa tutto e provvede a tutto e al meglio.

È adesso che si sente il bisogno della politica e se ne soffre l'assenza, tanto a livello nazionale, quanto a livello europeo. L'immagine che da qui ci viene trasmessa è infatti quella che risulta dalle pletoriche e assembleari, continue e senza fine «riunioni europee», grottescamente sempre più simili alle rituali, fallimentari riunioni della Società delle Nazioni, tra le due guerre. Rispetto a questa serie storica, dopo quello del maggio del 2010, solo il vertice dell'8-9 dicembre 2011 ha provato a segnare una parziale variante. Ma ci si ritornerà più avanti. È comunque così che sistematicamente, tra la paura di perdere le elezioni e la paura di perdere il *rating*, molti governi europei riescono nel capolavoro di perderli entrambi!

Moneta senza governo e governo della moneta

Il campo di scontro finale sarà – è – quello della democrazia. Tutti gli Stati europei sono infatti formalmente democratici, al loro interno. Democratici nel senso classico del termine. Ma tutti stanno perdendo vaste quote della loro originaria e propria democrazia. Per cominciare, come tutti gli Stati-nazione del mondo, anche gli Stati-nazione europei cedono quote di democrazia al mercato, che non è precisamente definibile come forma nuova, alternativa e sostitutiva della democrazia. Questo lo credono solo i fanatici. Non è così, non è corretto crederlo, se non altro per il semplice fatto che va più sul mercato soprattutto chi ha più soldi! Inoltre, a differenza degli altri Stati-nazione del mondo, gli Stati-nazione europei, passando attraverso un intenso, nuovo e tipicamente europeo processo di *devoluzione verso l'alto*, cedono alle istituzioni europee, alla Commissione europea, ai Consigli europei, alla Corte europea, alla Banca centrale europea eccetera quote di competenze e di poteri che invece erano storicamente oggetto di azione e controllo democratico nazionale. Le istituzioni europee, dal canto loro, non sono ancora tutte sempre e precisamente definibili in base ai parametri, ai criteri, ai modelli, ai princìpi storici tipici della democrazia classica! Diciamo qui ottimisticamente che la «cifra democratica» propria di tutte queste istituzioni pare ancora piuttosto *in experimentum*, piuttosto in divenire.

La crisi ha comunque prima compresso e ora fa esplodere tutto questo assetto.

Ne deriva un rischio politico – ed è un rischio crescente con la crisi –, il rischio dell'abuso dello «stato di necessità», con l'invadenza e con la prevalenza, sulla democrazia classica, di istituzioni parademocratiche o puramente tecnocratiche, oggi capaci, dato lo spirito del tempo che viviamo, un tempo che è prevalentemente «economico», di sublimare il primato dell'economia sulla politica. Tipico, da ultimo, il caso della lettera *strictly confidential* inviata il 5 agosto 2011 dalla BCE e dalla Banca d'Italia al Governo italiano. Una lettera di apostolato finanziario, contenente un programma di governo espressamente preparato dall'*autorità monetaria* per l'*autorità politica*, e scandito per tempi e contenuti di obbligata e minutamente specificata e calendarizzata azione, tra l'altro richiesta più come azione esecutiva che parlamentare, pena la reale, pur se non scritta, minaccia di negazione di aiuto all'Italia. Un aiuto che sarebbe stato operato a mezzo di acquisto sul mercato secondario di titoli pubblici italiani. Una forma di aiuto che, come si nota nell'Allegato n. 11, ha peraltro un'utilità tecnica molto parziale e discutibile. Ma ciò che conta qui, più del dato economico, è il dato politico. Un tipo di condizionalità simile a quella dettata in questi termini dalla BCE e dalla Banca d'Italia è infatti quella normalmente imposta dal Fondo Monetario Internazionale. Ma con la differenza che questo – se pure normalmente molto aggressivo, molto poco «democratico», e per la verità anche molto poco fortunato, portando in sé e con sé lo stigma globale della cattiva sorte – è almeno totalmente trasparente, perché dice di poter intervenire e dice chiaro quello che si deve fare. Mentre la BCE e la Banca d'Italia operano nell'«occultismo»: dicono di non poter fare quello che in realtà fanno, e questo potere si usa politicamente, selettivamente, a condizione che non lo si dica troppo in giro.

In sintesi la democrazia in Europa è sempre meno nazionale e sempre meno forte. Erosa di sotto, a livello nazionale, ma non ancora coesa di sopra, a livello europeo. Con il rischio che nell'intervallo, in tempi di crisi, si producano effetti distruttivi.

Per essere chiari: una volta il *pronunciamiento* lo facevano i militari. Occupavano la radio-tv, imponevano il coprifuoco di notte eccetera. Oggi, in versione postmoderna, lo si fa con l'argomento della tenuta sistemica dell'euro, con il connesso capo d'accusa spiccabile contro un Paese di fare fallire per sua specifica colpa l'intero eurosistema, come se questo da solo e per suo conto fosse invece davvero stabile (!); lo si fa condizionando e commissariando governi e parlamenti; sperimentando la cosiddetta nuova *governance* europea «rafforzata». Ed è la finanza a farlo, il *pronunciamiento*, imponendo il proprio governo, fatto quasi sempre da gente con la sua stessa uniforme, da tecnocrati apostoli cultori delle loro utopie, convinti ancora del dogma monetarista; ingegneri applicati all'economia, come era nel Politburo prima del crollo; replicanti totalitaristi alla Saint-Simon. Per essere oggettivi: serve anche questo tipo di cultura. Ma non da solo: usato insieme con altre culture e sensibilità. Non possono infatti essere solo gli autori del disastro a tornare sul luogo del disastro. Gli strumenti normalmente utilizzati sono la turbativa, la manipolazione preventiva del mercato finanziario. Il messaggio trasmesso alla gente è quello tipico dell'ingiunzione forte, tanto forte che nessuno, Stato o cittadino, davvero nessuno può rifiutare di adeguarsi, se non a proprio rischio. È così che si veicola la paura. Il coprifuoco è di giorno, con l'angoscioso incombente messaggio, trasmesso a tutti i livelli della popolazione, sugli *spread*, sui differenziali di interesse fatti crescere verticalmente a carico degli Stati bersaglio. Una tecnica per cui i tassi di interesse diventano la forma di prosecuzione della politica con altri mezzi. L'obiettivo è quello del Parliament Holiday, al posto del Bank Holiday. Con la conseguente possibile sostituzione delle vecchie con «nuove» e non precisamente democratiche forme di governo. È così che oggi in Europa la democrazia non è solo debilitata dall'eccesso di sperequazioni interne, con i ricchi che sono sempre più ricchi e i poveri che sono sempre più poveri, ma anche oggetto di nuove forme di pressione esterna. Con la conseguente aggiuntiva perdita di quote della vecchia sovranità nazionale. Ciò che finora si è visto in Europa in alcuni Stati è solo l'avvio di quello che, se non si prende coscienza, se non si fa resistenza, si vedrà prendere forma in una crescente traslazione di potere fuori dal campo della democrazia repubblicana, in una non scritta – non serve nemmeno più scriverla – *Ermächtigungsgesetz*. La legge per i pieni poteri d'emergenza ispirata da Carl Schmitt, e con questa l'emergenza – si ripete – di una forma nuova di fascismo, il *fascismo finanziario*, il *fascismo bianco*.

Anticipando la conclusione: non è che non ci sono problemi, è che questa non è la loro soluzione! Proprio perché i problemi ci sono, la soluzione non può essere questa, ma un'altra, che si leggerà nelle prossime pagine.

X
Germania!?

La crisi è così grave, in Europa, anche per una ragione esterna: perché non c'è più nel mondo il ruolo guida degli Stati Uniti d'America. È certo ancora in gran parte americana la potenza finanziaria, sono americani la cultura e l'ideologia, la lingua e i capitali, la struttura e la piattaforma del mercato finanziario.

Ma non c'è più, dal lato degli Stati Uniti d'America, una potenza politica capace di imporre un disegno generale e strutturale, come fu a Bretton Woods nel 1944. E da ultimo non c'è neppure più la capacità di suggerire o imporre formule adatte per la soluzione di crisi come questa.

Se mancano gli USA nel mondo, se manca l'Europa in Europa, qui non basta neppure la sola Germania.

Non basta neppure la nuova Germania, la guida dell'asse franco-tedesco, l'asse intorno al quale ha ruotato la vecchia e dovrebbe ora ruotare la nuova Europa.

Una nuova Europa divenuta intergovernativa, anzi *supergovernativa*, molto diversa da quella vecchia, basata sul metodo comunitario. Certo anche al principio c'era il rapporto bilaterale privilegiato tra Francia e Germania. Ma, nell'economia politica tipica del meccanismo comunitario, questo era una parte e non il tutto. Era infatti, quello comunitario, un meccanismo non gerarchico, ma appunto comunitario, permanentemente equilibrato nella composizione tra interessi diversi, tra le ragioni proprie degli Stati grandi e di quelli piccoli, dei forti e dei deboli, dei fondatori e dei nuovi entrati, dentro un sistematico arbitraggio, sotto la regia fatta dalle comuni istituzioni europee: dal Consiglio, dalla Commissione, dal Parlamento europeo eccetera. Una regia sistematicamente mirata all'unico prevalente obiettivo, generale e non particolare, dell'interesse dell'Unione.

Ora è tutto diverso e questa diversità ci impone di valutare i pro e i contro propri e tipici di questo nuovo assetto. Nel farlo è evidente che tutto oggi riporta all'«enigma» Germania, alla crisi che ne avvolge il mistero. In particolare, in questo momento, non si può essere a favore dell'idea di Europa, e non si può essere sinceri amici della Germania, se non si confrontano tra loro e non si pesano le diverse voci positive e negative che vengono elencate qui di seguito.

Le ragioni positive

La prima ragione positiva è che la Germania ha fatto molto bene, tanto gestendo la sua unificazione politica quanto ristrutturando verso la globalizzazione il suo apparato industriale, così presentandosi oggi in Europa come l'unica economia che davvero funziona. La seconda ragione positiva è nella straordinaria vitalità culturale della Germania, evidente tra l'altro nelle sue scuole filosofiche. La terza e più importante ragione è nell'elaborazione della cosiddetta «cultura della stabilità». A costruire questa cultura positiva in Germania non c'è in particolare solo l'angoscia che viene dal passato, la paura dell'iperinflazione di Weimar e del conseguente disordine monetario, con i connessi terribili effetti sociali. C'è anche, alla base di questa cultura, e perfettamente e saggiamente allineata con lo spirito difficile del tempo che tutti viviamo, l'esigenza sentita di mettere il futuro al riparo dagli errori del passato. Questo è un dato politico fondamentale.

È infatti questo, il tempo che viviamo, un tempo che è segnato – si ripete ancora – dalla fine effettiva dell'età coloniale e di riflesso, in Europa, dalla fine della base di leva di quel *deficit spending* con cui, a partire dal dopoguerra, è stata costruita gran parte della nostra politica sociale. Un benessere a debito. Non sarà più così, non possiamo più produrre un deficit pubblico maggiore del prodotto interno lordo. Per questa ragione tutti devono, dovranno acquisire, e in quantità progressiva crescente, la «cultura della stabilità». Non perché è tedesca, ma perché non ce ne sono altre, capaci di assicurarci un futuro.

Ironizzando, polemizzando si potrebbe dire che questa della stabilità è più o meno una «caratteristica nazionale» tipica della Germania e dunque si potrebbe dire che, con la sua esportazione nel resto d'Europa, la Germania impone all'Europa una sua propria riforma strutturale culturale: tutti dovrebbero diventare tedeschi. Non è affatto così. In realtà alla base della cultura della stabilità non ci sono solo le paure del passato, ma le esigenze e le urgenze imposte a tutti e per tutti dal tempo presente. Un tempo che, per la sopravvivenza della specie, è più adatto alle formiche che alle cicale! Ma è proprio per questo che ora si stenta a capire, e non si riesce a condividere, non il *fine* – la stabilità – ma il *mezzo*. Quella che si sta facendo in Europa, e spesso influenzata proprio dalla Germania, è infatti una politica che non produce stabilità, ma il suo esatto contrario. Una politica che si sta sviluppando con l'accumulo di fattori tra di loro vari e diversi, fattori reali o solo potenziali, tendenziali o inerziali, marginali o micidiali, che da più o meno un anno comunque ruotano intorno alla Germania, producendo un effetto che, si ripete, è l'opposto della stabilità: una gravissima progressiva instabilità.

Le ragioni negative

Ricordando in premessa il vecchio detto secondo cui la Germania ha enormi virtù e pochissimi difetti, ma a scadenza fissa nella storia pone tutte le sue grandissime virtù al servizio dei suoi scarsissimi difetti, queste ragioni vengono sintetizzate qui di seguito:

a) l'asse franco-tedesco ha cominciato a logorarsi subito dopo l'unificazione tedesca e questo era evidente già in quel momento, nelle fratture sulla politica estera, sul bilancio europeo, sull'allargamento, sui referendum eccetera. Ma ora, con la crisi, il logorio è più marcato che mai.

Adesso quello franco-tedesco è un asse che, con reciproca convenienza di apparenza e di sostanza, da un lato maschera la debolezza della Francia, dall'altro maschera la forza della Germania. È in questi termini che, per la ferrea legge dei numeri, alla vecchia diarchia franco-tedesca si è alla fine sovrapposta una quasi monarchia tedesca; più che un asse bilaterale, dunque, una coppia a trazione tedesca;

b) prima impensabile, impossibile in termini storici, per il gioco di secolari reciproche avversioni e contrapposizioni e guerre, intorno alla Germania si è invece ora creato, verso est e verso nord, nella forma del cosiddetto «cortile di casa», un nuovo vastissimo «spazio mercantile» fatto da finanziamenti europei, da delocalizzazioni produttive, da flussi di import-export eccetera. È così che, attraverso l'allargamento, sulle vie degli investimenti e dei commerci, sono nati veri e propri «protettorati» tedeschi: un mercato interno all'interno del mercato comune! Una leggenda europea durata per almeno un decennio voleva che dietro la spinta all'allargamento continuo (l'ultimo ingresso nell'Unione Europea è quello della Croazia, nel dicembre del 2011) ci fosse un perfido disegno anglosassone, il disegno «antieuropeo» di annacquare in più vasto mare il nucleo politico centrale dell'Europa. In realtà, a ben vedere, oggi tutto questo appare ridicolo.

Oltre naturalmente a quella proiettata dagli ideali «europei», c'era infatti per la Germania una ragione in più per la spinta a est, verso l'allargamento, così fortemente e sistematicamente sostenuto proprio dalla Germania: una logica regional-commerciale, un modo per farsi appunto un proprio mercato interno. Un modo per incassare di ritorno, e con gli interessi, l'investimento tedesco nel bilancio europeo. Il bilancio europeo è infatti la fonte di generosi contributi proprio a quei Paesi. Contributi pagati da tutti, ma così capitalizzati soprattutto dai vicini tedeschi!

c) il bilancio europeo. Diciamo che su questo, nel dare e nell'avere, contrariamente a quel che si dice, non ci ha certo perso la Germania.

Il più grande contribuente netto dell'UE è senza dubbio la Germania, con 5,9 miliardi di euro, davanti alla Francia, con 5,2, e all'Italia con 4,6. Ma ciò è solo per effetto del volume assoluto della sua popolazione. Ripartendo queste cifre non nazionalmente, per blocchi di popolazione nazionale, come era nei secoli passati, ma pro capite, come è più propriamente «europeo», è evidente che Francia e Italia si collocano davanti alla Germania come contribuenti netti all'interno dell'UE.

L'idea della Germania di essere «campione dei pagamenti» non è dunque né nei numeri, né nello spirito dell'Unione;

d) a tutto ciò va poi aggiunta la colossale partita non solo energetica, ma essenzialmente geopolitica, verso nord-est, verso la Russia. Nell'insieme è, tutta questa, un'asimmetria non solo geoeconomica, ma soprattutto geopolitica che, sommata alle altre, pare ora squilibrare l'Europa, di nuovo concretizzando l'ipotesi che così fatta, e così posizionata, la Germania sia davvero troppo grande per l'Europa;

e) intorno alla Germania, sopra le vecchie affinità od ostilità elettive o storiche, giocando diversamente il loro singolo potere di veto, ci sono Stati che da una parte strumentalmente suonano più o meno a comando sulla tastiera dell'egoismo, del più gretto particolarismo, del divisionismo – tipico ad esempio il caso del cosiddetto *Finnish collateral*, la garanzia sui prestiti alla Grecia chiesta esclusivamente dalla Finlandia per ragioni evidentemente più politiche che economiche –, ma che poi, dall'altra parte, pur se tra loro diversissimi, da nord a est, quando è il caso sono pronti a suonare tutti la musica tedesca;

f) la crisi, per come è stata malamente gestita nell'ultimo anno, attraverso continui veti e blocchi unilaterali, spesso riflesso congiunto tanto di egoismi nazionali quanto di debolezze elettorali, per ora è stata comunque conveniente soprattutto per la Germania. Conveniente per un doppio ordine di ragioni, che sono poi le due facce di una stessa medaglia.

Prima conveniente per ragioni *politiche*, in termini di forza nella proiezione e imposizione politica della citata cultura della stabilità. Ma qui tuttavia con un errore fondamentale. L'errore di proiettarla, la cultura della stabilità, non come scritto sopra, come idea guida generale, come unica forma possibile e giusta per la politica europea. Ciò sarebbe stato ed è assolutamente giusto. Ma piuttosto cedendo alla tentazione di imporla come un prodotto di esportazione proveniente e garantito come salvavita dalla «fabbrica politica» tedesca. Ad esempio con la pretesa che, in caso di ipotesi di intervento dell'EFSF, i documenti confidenziali degli altri Paesi siano trasmessi dalla Commissione europea alla Commissione bilancio del Bundestag.

E poi conveniente per ragioni *economiche*: a fronte dell'instabilità esterna, tra l'altro causata a danno degli altri Paesi proprio dall'euro, per come è fatto, senza una vera Banca centrale, la diversa e maggiore stabilità interna attira infatti in Germania capitali a basso costo. In questi termini, con questa forma di *dumping* finanziario, con un misto tra calcolo e azzardo, somma di non sempre colpevoli debolezze altrui e di virtù proprie, attirando quantità crescenti di capitali, la Germania può fare salire gli investimenti, tanto quelli esteri in Germania, quanto quelli della Germania all'estero. È in specie finanziandosi proprio in questo modo che la Germania può risanare le sue criticità interne, può acquisire quelle banche estere che oggi proprio per effetto degli *stress test* anticrisi europei vengono destabilizzate, e dunque vengono via a buon prezzo; e ancora, può partecipare ai programmi di privatizzazione europei imposti in Europa dalle politiche cosiddette di «risanamento» eccetera.

È così che va in scena, o sta per andare in scena, un tipo nuovo di espansionismo economico, applicazione della teoria della guerra «civile».[17]

Ma è, tutto questo, un tipo di politica economica che confonde la visione opportunistica di breve termine con quella più lungimirante; un tipo di politica che può durare, che può essere tirata fino al limite, ma che poi – come vedremo – avvicina pericolosamente la Germania, soprattutto la Germania, al rischio di fare un testacoda. Al rischio dell'incidente fatale. Come nel cosiddetto *chicken game*, tra auto lanciate in corsa l'una contro l'altra, stando a vedere chi infine cede e sterza per primo. Con un non piccolo ma necessario *caveat* preliminare essenziale per comprendere i rischi propri di questo gioco. Quando prima o poi saliranno i tassi di interesse, chi in Germania e nel mondo ha investito in titoli tedeschi a interesse zero, o quasi, li dovrà automaticamente svalutare, con effetti drammaticamente distruttivi nei suoi bilanci. Un caso ulteriore, questo, in cui la crisi si avviterà dunque ancora nella crisi;

g) senza contare che, negli anni passati, il *kombinat* industrial-bancario tedesco ha stipulato un patto me-

---

[17] «Forse non più come nel 1939-1945, ma tuttora ci si può fare la guerra usando le leve dell'economia» (Jacques Delors, 2011). Sull'idea della guerra «civile» e sul passaggio postmoderno dalla guerra convenzionale alla competizione commerciale, si veda G. Tremonti, *La guerra «civile»*, «Il Mulino», 1996, pp. 842-856.

fistofelico con il resto dell'Europa: virtuosa in patria (anche se non molto, se si considerano i casi oscuri e non virtuosi tipici di alcune grandi banche e delle importantissime banche territoriali tedesche), la Germania ha tuttavia investito i suoi capitali nel suo contrario, nell'Europa periferica e non virtuosa. Lo ha fatto spinta dall'interesse a finanziare in quei Paesi la domanda di prodotti tedeschi, a partire dalle auto. Ma lo ha fatto anche e proprio perché attratta dagli alti tassi di interesse offerti come prezzo del rischio, dai non virtuosi ai virtuosi, questi così interessati a riequilibrare, con i super rendimenti che prendevano, i loro ammanchi interni. Del resto, ogni volta che c'è un debitore allegro c'è sempre anche un creditore allegro! E allora, cosa succede in questi casi se, non solo per i debitori ma anche per i creditori, la crisi europea arriva al suo drammatico finale?

In sintesi, è vero che la Germania è stata costretta a scambiare la sua unificazione con la rinuncia al marco, ma è anche vero che ora, a chiusura di un ciclo storico durato venti anni, troppi pensano o temono che la tendenza sia a fare dell'euro qualcosa di troppo simile proprio al vecchio marco. Venti anni sono del resto un'unità di tempo fissa, fatale nel caso della Germania, come altre volte nella sua storia! Gli ultimi venti anni non vanno infatti contati dalla fine della Seconda guerra mondiale, ma proprio dall'unificazione della Germania! La Germania insieme forte e debole, artefice e vittima del suo destino, a volte più per paura che per altro! Ora, comunque, i venti anni sono passati ed è così che arriviamo a oggi.

XI
Quattro ipotesi

Mentre si scrive questo libro, guardando la carta dell'Eurozona – una carta che a sentire quel che dicono gli stessi leader europei è sempre più simile alla mappa di un campo di battaglia, dove una moneta unica si confronta con troppo forti differenziali di *spread* su titoli tuttavia emessi nella stessa moneta unica – viene fuori sempre più chiaro che siamo davanti a *quattro ipotesi* sul nostro futuro:

– andare passivamente verso la catastrofe dell'Unione Europea e nell'Unione Europea;

– dividere l'Eurozona per aree diverse: aree più forti, aree più deboli;

– riorganizzare costituzionalmente l'Unione Europea: sopra, maggiore disciplina di bilancio; ma sotto, la BCE trasformata in vera Banca centrale, l'emissione di Eurobond eccetera;

– fare resistenza e avere coraggio per ripetere oggi, con una «Nuova Alleanza» tra popoli e Stati, la grande politica fatta contro la Grande Depressione, con il New Deal di Roosevelt.

La prevalenza di una di queste quattro ipotesi dipende certo anche dalla forza del destino ma, se lo vogliamo, dipende anche da noi. Soprattutto da noi.

Davvero, e non per retorica storica, la situazione attuale in Europa, mentre si scrive, ricorda quella dell'agosto 1914, quando nessun singolo atto di governo fu in sé decisivo nel determinare lo scoppio della Grande Guerra, ma parimenti nessun singolo atto di governo fu decisivo nel senso di fermarla.

Fu una serie a volte causale, a volte casuale di atti, che tuttavia alla fine, nell'insieme, portarono alla guerra. Cui si aggiunge forse, come allora, un qualcosa di occultamente decisivo. Come per la Guerra dei Trent'anni a rompere l'equilibrio proprio di un mondo di pace pare sia stata la volontà di dominio degli ambasciatori spagnoli e come nel 1914 fu forse la volontà dello Stato maggiore tedesco, così ora a essere decisiva è l'avidità della finanza, combinata con l'ottusa debolezza della politica. Con in più l'emergenza alla base di quelle differenze, di quelle asimmetrie europee che l'euro, nel suo disegno originario, doveva ridurre, e che invece sono rimaste tali e sono anzi cresciute con la crisi. Forse non dobbiamo aspettarci «*the war in Europe*».[18] Non proprio una vera guerra, perché – almeno si spera – nessuno pare più disposto in Europa a fare il salto nel cerchio di fuoco. Ma certo, se non si

---

[18] Martin Feldstein, EMU *and International Conflict*, «Foreign Affairs», 1997, pp. 60-73.

interrompe il corso fatale delle cose, non è da escludere ed è anzi da prevedere che si verifichi qualcosa di simile a quanto accaduto proprio in quei «secoli bui» di cui l'Europa ha pure avuto vasta e profonda esperienza.

Come premesso, quelle che abbiamo davanti sono quattro ipotesi, tra di loro molto diverse nei tempi e negli effetti di impatto, ma tutte, se pure in varie percentuali, tanto possibili quanto probabili.

L'attesa passiva della catastrofe

Cominciamo dalla prima ipotesi, la più simile allo scenario «agosto 1914» e insieme la più semplice, perché automatica, ma anche la più drammatica. È l'ipotesi della *discontinuità* prodotta dalla *continuità*. Per concretizzarla è infatti sufficiente continuare a fare, o a non fare, ciò che è stato fatto, o non fatto, finora. Lasciare che la maggiore forza in campo sia quella imposta dai fatti e dalla loro sequenziale spietata dittatura: la forza di inerzia prima, e poi la forza di gravità. Una forza, quest'ultima, che ora sempre più velocemente ci fa scorrere, su di un piano inclinato, verso una catastrofe che, si è premesso, può evocare proprio quelle europee tipiche dei cosiddetti «secoli bui».

Non è più il momento di temporeggiare: chi pensa di prendere tempo, lo sta in realtà fatalmente perdendo. Voluta o subita, attiva o passiva, conscia o inconscia, totale o parziale, la fatalità che ci può spingere su questa via è quella che per tratti storici ci ha caratterizzato culturalmente, spiritualmente: l'idea della *finis Europae*, ispirata dal sentimento della decadenza e della pulsione suicida; il soffio dell'autunno, della morte, della *thanato-politica*, tra Nietzsche e Dostoevskij. O, più indietro nel tempo, con i cavalieri dell'Apocalisse incisi da Dürer: *Guerra, Morte, Peste, Carestia*. La carestia, tra i quattro cavalieri appunto il più «economico» e perciò il più attuale! Vuol dire che di colpo, disordinatamente, si va a sbattere contro una realtà finora mai pensata. Una realtà in cui non si ricevono gli stipendi o le pensioni, in cui le banche e i bancomat si fermano, gli ospedali non possono più fornirsi di medicine per i pazienti, le scuole si svuotano e, per contro, le piazze si riempiono di rabbia. Nella storia, la fine di una moneta causa sempre drammatici effetti economici, tragici effetti sociali.

La divisione dell'Eurozona

Veniamo ora alla seconda ipotesi. All'ipotesi della divisione dell'Europa per aree. Questa potrebbe in realtà avere due principali forme alternative, una per così dire *soft*, una per così dire *hard*. Nei termini che seguono:

a) cominciamo dalla forma (si fa per dire) *soft*. Le avverse condizioni di mercato, le difficoltà che alcuni Stati incontrano nel collocare i loro titoli sui mercati fanno crescere la loro tendenza a chiedere l'assistenza del Fondo Monetario Internazionale. In parallelo, in aggiunta a questa tendenza degli Stati in crisi, è poi molto probabile che ci sia la spinta a fargli fare questa richiesta di assistenza proprio da parte degli altri Stati, più fortunati, che in questo modo, nel loro interesse, otterrebbero a loro vantaggio le maggiori condizioni possibili di sicurezza finanziaria nell'Eurozona. Va solo notato che, date le condizioni normalmente richieste dal FMI, andare al FMI a chiedere un programma di aiuto equivale per uno Stato più o meno a cedere una quota della propria sovranità nazionale, a mettersi il cappio al collo. Nell'economia di questa formula, la moneta resterebbe formalmente la stessa, ma sostanzialmente si creerebbe, all'interno dell'Eurozona, una fortissima divisione politica tra Stati che conservano la loro (dominante) sovranità nazionale e Stati che invece di fatto la perdono, trasferendola al FMI, così mettendosi in sostanziale subalternità, tanto all'esterno quanto all'interno dell'Europa. Va aggiunto che la perdita di *status* degli Stati che vanno, o sono spinti ad andare, verso il FMI può essere drammatica e motivo di divisioni proprio perché, nell'esperienza storica, gli interventi del FMI, quasi sempre ispirati da tecnocrazie prive di capacità di analisi di casi specifici, durano a lungo e quasi mai sono felici. Sarebbe in specie, quella così creata all'interno dell'Eurozona, una divisione tra Stati di serie A e Stati di serie B. Una divisione che alla fine sarebbe ancora più forte e drammatica della formale divisione dell'euro, con Stati a pieno titolo sovrani e dotati di una moneta rafforzata e Stati che invece avrebbero insieme una caduta di sovranità e in più il perdurare di tutte le attuali conseguenze-limite tipiche dell'euro, senza averne i benefici. Per essere chiari, in questi termini l'euro sopravvivrebbe a se stesso, ma proprio attraverso la regressione in serie B di alcuni Stati, che proprio così pagherebbero il prezzo di un'operazione cosiddetta di messa in sicurezza fatta a favore degli altri;

b) e poi l'ipotesi *hard*, l'ipotesi del *break-up* dell'euro. L'ipotesi della divisione, della fine dell'euro come lo abbiamo avuto finora, con effetti riflessi e molto probabilmente drammaticamente negativi, prima sull'economia europea e poi sulla politica europea, sui sentimenti dei popoli europei e tra i popoli europei. Creato per fare l'unione politica, se diviso l'euro inizierebbe infatti a produrre effetti simmetrici opposti. Effetti di divisione non solo monetaria ed economica, ma appunto anche politica. È questa, sul destino dell'euro, una delle domande angosciose, angosciate che da ultimo tutti riservatamente fanno e si fanno, negli incontri personali e bilaterali, negli uffici, nei corridoi di Bruxelles e delle altre capitali. È poi la stessa domanda che sempre più intensamente ci si pone, da parte del mercato finanziario.

La leggenda è che alcune Cancellerie stiano da tempo scrivendo il loro *Plan B*. Non la fine dell'euro, ma all'opposto una strategia difensiva, la salvezza dell'euro basata su di una nuova, economicamente rinforzata, se pure geograficamente più limitata, solidarietà. Con l'uscita simmetrica, più o meno temporanea, degli Stati che invece non ne integrano i fondamentali.

Non è, a essere sinceri, solo una leggenda. Infatti, data l'intensità della crisi, sarebbe assurdo supporre che non ci si sia davvero mai, più o meno approfonditamente, pensato; tanto da una parte, volendolo, quanto dall'altra, temendolo. La salvezza dell'euro, da una parte, la sopravvivenza dei propri Paesi, dall'altra.

In casi come questo, psicologia e politica tendono a sovrapporsi: alla base del *Plan B*, configurato come un nuovo *General Plan* geopolitico, c'è in specie l'idea assoluta della centralità politica della moneta, l'idea che l'essenza della moneta e quella dei popoli coincidano, essendo nella moneta ciò che un popolo è stato ed è e sarà. E viceversa.

Un'idea, questa, che è insieme feticista e fondamentalista, antica certo, ma anche *ex novo* corroborata tanto dal mercatismo economico, quanto da nuove riflesse idee di potenza. Un'idea salvifica, a tratti, ma anche mortale. In ogni caso un'idea agitata dal terrore del disordine, dell'instabilità, del regresso nel caos. Un'idea che oggi, soprattutto nel Nord, è spinta dalla paura di dover pagare per altri, di dover versare in un pozzo senza fondo quanto si è finora guadagnato e risparmiato, il terrore per aberranti *transfer* monetari, dietro cui e dentro cui si vedono insieme i fantasmi del passato e i demoni del presente. Nei sondaggi di opinione fatti per esempio in Germania è sempre più chiaro che: 1) i benefici postbellici dell'Europa sono ormai in gran parte sentiti come assorbiti; 2) l'opinione pubblica e di riflesso la nuova classe politica sono perciò sempre meno «europeiste»; 3) dopo l'unificazione è, per contro, cresciuta l'idea della nuova forza, del ruolo, della proiezione geopolitica globale della nuova Germania, un trasferimento, questo, nello spazio commerciale di altre antiche e piuttosto note tendenze verso l'espansione militare; 4) è su questo campo che si innestano e appunto rivivono i fantasmi del passato e le paure del presente. Tecnicamente, alla base del *Plan B* c'è il disegno del *Kern-Euro*, o euro del nucleo, o nucleo dell'euro. L'evoluzione monetaria forte dell'idea più mite (si fa per dire) dell'Europa a due velocità. Un piano basato sul rigore fiscale e monetario che deve essere tipico e proprio di un nucleo centrale, fatto da Germania, Olanda, Austria, Lussemburgo, Finlandia, forse Francia eventualmente con l'aggiunta di qualche *new entry* da nord e da est.

Quasi tutti gli altri Paesi dovrebbero invece restare fuori, avendo le caratteristiche strutturali o genetiche tipiche del «ventre molle». Così che questi appunto dovrebbero andare verso l'ipotesi del «doppio euro», uno forte, l'altro debole. Una specie di «sub-euro», buono più per la circolazione monetaria che per gli investimenti. Oppure, questi Stati dovrebbero tornare alle loro vecchie monete nazionali o, in alternativa, andare verso loro proprie monete nuove, con nomi e segni nuovi. Magari, nel frattempo, per non creare ulteriori riflessi problemi all'Eurozona, con l'ipotesi che i Paesi in uscita si mettano sotto la tutela del Fondo Monetario Internazionale. Attualizzata sarebbe questa, nel suo disegno ispiratore, una nuova versione della formula organizzatrice del COMECON, come era a due velocità, nell'Est comunista, sotto una dominante Unione Sovietica. O una nuova versione di un altro, appena un po' più antico, «ordine monetario» imposto all'Europa.

Non è questa la sede per analizzare le modalità giuridiche che sarebbero proprie di quest'operazione, più o meno consensuale. Ad esempio una cosiddetta «cooperazione rafforzata», tipo Schengen. Come la vecchia Schengen serviva per isolare dai pericoli esterni di ordine pubblico, così oggi ci sarebbe una nuova Schengen economica, per isolare il centro dell'Europa dai pericoli esterni di ordine economico.

Le modalità operative varierebbero comunque enormemente in dipendenza dei tempi e dei metodi scelti o imposti per realizzarla: un *break-up* tecnico, consensualmente concordato nei tempi e nei metodi; oppure un *big bang*, disordinatamente imposto da fattori che all'improvviso radicalizzano la crisi. Quale che sia la formula di risoluzione, tutto sarebbe comunque traumatico e drammatico.

Per capirlo basta simulare le modalità che si imporrebbero per fare la cosiddetta *reverse engineering* della moneta, per il passaggio all'incontrario dall'euro alle vecchie monete nazionali o ad altre monete nazionali dal nuovo nome: oltre alla (si fa per dire) banale questione del ritorno alla stampa delle vecchie monete nazionali, si dovrebbero rideterminare i rapporti di cambio. Tornare indietro a quelli iniziali definiti nel 1999, o cercarne altri da definire *ex novo*? Poi un altro problema: l'operazione si dovrebbe basare, da parte di ciascun Paese, sulla parità esterna e interna e qui poi sulla parità tra pubblico e privato; o piuttosto, in alternativa alla parità, si potrebbe o dovrebbe scegliere di privilegiare una parte sull'altra: l'interno sull'esterno, il privato sul pubblico, o viceversa? Alla fine, ma solo alla fine, passando attraverso una catena di gravi, forse incontrollabili disordini, è possibile che si arrivi comunque a un equilibrio. È anche questo nella forza delle cose e della storia.

Probabilmente, si avrebbero allora anche certi relativi vantaggi differenziali, rispetto alla situazione attuale. Nelle tempeste monetarie di solito ci guadagna infatti il debitore, ad esempio lo Stato che ha un grande debito pubblico, così da riequilibrarne l'assetto complessivo di bilancio, soprattutto se questo è già in avanzo primario. Una nuova Banca centrale nazionale potrebbe poi fare, a fini difensivi, ciò che finora non ha fatto la BCE, e cioè il garante di ultima istanza. Una moneta meno aliena, più vicina ai fondamentali reali dell'economia, potrebbe infine, con il suo cambio naturale, anche senza svalutarlo strumentalmente, favorire l'export eccetera. In fondo si potrebbe pensare che sia conveniente uscire dalla morsa di una moneta troppo forte, adatta più al Nord che al Sud. Come è ora per l'euro e come fu in Italia, un secolo e mezzo fa, con la lira.

Ma sarebbe meglio non provarci, se non costretti con la forza, perché per contro, sull'altro piatto della bilancia, dovrebbero essere messi i rischi di *default*, sul debito pubblico e privato, la fuga di capitali, la caduta della fiducia internazionale, fondamentale nella globalizzazione, e quindi la possibile chiusura dei canali dell'export. Soprattutto, un processo di questo tipo non si svilupperebbe senza una lunga e grave fase di recessione e senza gravi, drammatici imprevedibili contraccolpi politici.

Le cose andrebbero pure molto male, anzi ancora peggio, nella parte cosiddetta (autodefinita) *Kern* dell'Europa: i crediti privati e pubblici verso le aree periferiche dovrebbero infatti essere svalutati o persi, con danno enorme; nel medio termine l'economia non resterebbe più competitiva come si presume, ma molto probabilmente meno competitiva rispetto a oggi, dato che l'export, a partire da quello delle automobili, sarebbe penalizzato non solo dal cambio, più alto e perciò più sfavorevole, ma anche dall'odio verso chi ha causato o voluto il caos in quell'Europa che è ancora la principale area di export della Germania. Alla fine ci sarebbe e su vasta scala un *revival* della sindrome «germanofoba».

Alla fine ci sarebbero anche da qui fuga di capitali, crisi e disordini tragicamente ancora maggiori di quelli destinati a verificarsi nelle parti presunte *deboli* dell'Europa. Tanto per cambiare, sempre la stessa storia. Conviene dunque a un grande Paese o a un gruppo di grandi Paesi chiudersi nella loro botte, come Diogene il Cinico?

La riorganizzazione costituzionale dell'Europa

La terza ipotesi è, si premette, quella preferita in questo libro, a condizione che sia politicamente integrata nella quarta ipotesi: è l'ipotesi della riorganizzazione costituzionale dell'Europa. È questa la via insieme più difficile ma anche più necessaria, se si considera che oggi in Europa c'è ormai unione senza unione, essendo dominante all'opposto la cifra della divisione. Divisione sotto, tra popoli debitori e popoli creditori. Divisione sopra, tra Stati che comandano e Stati che subiscono. Divisione infine tra politici che cominciano a pensare in proprio e politici che continuano a pensare per conto della finanza. Forse, se prima abbiamo fatto un passo troppo lungo, un passo più lungo della gamba, adesso possiamo fare il passo giusto. Possiamo, dobbiamo dunque fare qualcosa di diverso, per non perdere tutto. Per farlo bisogna comunque andare indietro e rimuovere il vizio di origine. Un vizio che non è stato tecnico, ma soprattutto politico: il vizio di pensare che l'economia sia più della politica. Più della politica intesa nel solo modo possibile, come superiore sintesi della vita, dei sentimenti, del cuore dei popoli.

È stato in specie nel dramma dell'unificazione tedesca che, per evitare il rischio di una crisi mondiale, è stata sovvertita la legge naturale e storica che era al principio costitutiva dell'Europa: prima l'unificazione economica, poi l'unificazione monetaria. Alla fine, non quella senza questa, ma non questa senza quella. Era la cosiddetta *Krönungstheorie*. La teoria dell'incoronazione. Non per caso, ma *pour cause*, tutte le monete incorporano infatti e riflettono i simboli della civiltà e della cultura, della vita e della politica dei loro popoli e ne sono dunque un riflesso, non un simbolo a sé! In ogni caso, nella storia, le monete non servono mai per fare la politica. Possono disastrarla, è vero, la politica. Ma non possono farla! Chi ha usato l'euro per fare l'Europa, per dare il «colpo di manovella», sfruttando una pur reale necessità politica – perché, si ripete, si voleva che l'unificazione della Germania non fosse basata sul marco –, chi ha tirato fuori una formula che doveva essere magica, a lungo preparata in laboratorio, ha in realtà avuto ragione per alcuni anni, ma rischia di avere torto per sempre.

Adesso che l'euro, per come è fatto, appare agli occhi di tutti non più solo come un salvifico mezzo di unione, ma anche come un rischioso fattore di contrasto, si vede che è tornato il tempo per ridare voce ai popoli, per fare oggi un'incoronazione all'incontrario, per dare all'euro proprio quell'unione politica che finora non ha fatto e non ha avuto.

Se il vizio di origine era tecnico, radicato nella tecnica di formazione dell'euro e di riflesso della BCE, ora la soluzione deve, può essere solo politica. E questa ci si presenta ora dentro un vero e forte dilemma: se non si vuole rinunciare alla moneta comune, è chiaro che la crisi può essere superata solo con l'introduzione di una diversa e più comune gestione della moneta, a partire dall'estensione delle funzioni della BCE e a partire dagli Eurobond; ma questa è a sua volta possibile solo passando, in tutta l'Europa e per tutta l'Europa, attraverso un *nuovo patto politico*. Un patto che, se fosse annunciato oggi con reale determinazione e perciò con reale efficacia, già potrebbe bastare, per il solo fatto che è annunciato. Come fu già una volta, nel maggio del 2010. Non interessano qui le forme tecniche e giuridiche che può avere questo patto: un nuovo trattato, un'interpretazione estensiva del Trattato di Unione, magari basata sulla cosiddetta «regolamentazione derivata», un nuovo accordo intergovernativo, una «cooperazione rafforzata». Va solo posto un *caveat* fondamentale, dato che il diavolo sta nei dettagli: se la riorganizzazione costituzionale dell'Europa si realizzasse solo parzialmente, con la disciplina fiscale, ma senza una nuova BCE o senza Eurobond, come è stato nel citato vertice dell'8-9 dicembre 2011, o se peggio ancora dovesse andare a essere realizzata con il preliminare «parcheggio» di alcuni Paesi presso il Fondo Monetario Internazionale, allora questa terza ipotesi finirebbe per essere troppo simile alla seconda ipotesi e, come questa, non sarebbe accettabile, perché *troppo divisiva*.

Ciò che dunque è ora soprattutto importante è che per fare una vera riorganizzazione costituzionale, per salvare l'Europa che conosciamo, è necessario un forte scambio politico: *sopra*, una maggiore disciplina di bilancio, basata su di una *governance* comune, con impegni, controlli e sanzioni; *sotto*, una comune, più integrata e più mutualistica gestione della moneta, con emissioni di comuni titoli pubblici nella forma degli Eurobond eccetera. In ogni caso, non la prima senza la seconda, non la seconda senza la prima.

Nell'economia politica di questa ipotesi, per concretizzarla, servono grandi doti politiche, tanto di visione storica, quanto di intelligenza. Visione storica, per considerare che se dappertutto sono finite le politiche di *deficit spending*, i problemi di finanza pubblica che ancora esistono nei vari Paesi sono dunque problemi nati nel passato, gravi certo, ma da gestire come tali. Come problemi del passato e non anche problemi continui nel presente e nel futuro. Intelligenza, per capire che un conto è irrigidirsi verso l'eventuale assoluta renitenza di un Paese a correggere la sua struttura economica, i suoi conti pubblici; un conto è tenere in considerazione i seppure relativi, ma effettivi progressi fatti nei vari Paesi in difficoltà, soprattutto se questi sono basati sulla coesione sociale e democratica.

Non è ancora chiaro se, sotto la pressione drammatica della crisi, questo scambio sarà illuminato e improvviso, se avrà infine la forma di uno shock politico. O se, come è purtroppo probabile, seguirà un processo più lungo e ancora più tortuoso. Come indica l'ultimo citato vertice europeo dell'8-9 dicembre 2011. Un processo che rischia l'incidente del mercato, dato che il mercato finanziario, su cui si è e si deve andare ogni giorno, ha tempi molto diversi e più brevi e soprattutto ha un'intelligenza di tipo binario, non sofisticata, semplice e perciò rispondente solo a stimoli semplici: sì o no, bianco o nero, non le fumose tonalità del grigio!

La «Nuova Alleanza»

La quarta ipotesi è infine quella della resistenza e dell'alleanza tra popoli e Stati, la via del coraggio, la via che porta verso l'*uscita di sicurezza*.

In sintesi oggi è più che mai alto il rischio che si renda concreto il detto «Pensa l'impossibile, di solito si realizza». L'ultimo vertice europeo, a detta dei suoi protagonisti quello che doveva essere il vertice ultimo, è stato quello dell'8-9 dicembre 2011, a Bruxelles, tra i capi di Stato e di Governo europei. Ufficialmente definito come un *fiscal compact*, non è forse giusto bollarlo come un *compact fiasco*, come è stato istantaneamente chiamato sui siti finanziari anglosassoni. Non era del resto facile, da parte di chi aveva appena vanificato lo «spirito di maggio», ricostituirlo di colpo! E non è del resto molto credibile che, a spingere per l'introduzione della «regola d'oro» nell'equilibrio di bilancio, fosse proprio la Francia, che ne è molto lontana. Le numerose e varie precisazioni divisive del giorno dopo hanno poi fatto il resto.

Ciò che comunque colpisce è la visione dell'Europa che ne deriva, che deriva dalle nuove ipotizzate rigidissime, ritenute imprescindibili politiche di rigore nei bilanci pubblici: una visione essenzialmente finanziaria e concentrazionaria. Dunque, con il rischio che il nuovo eccesso di rigore poco serva per togliere alcuni debiti pubblici dalla spirale di crisi in cui si trovano; ma in più crei simmetrici, simultanei, paralleli effetti deflazionistici e depressivi nell'economia reale europea, con ciò aggravando e non risolvendo la crisi. A partire dal crollo del valore degli *assets* e dei portafogli, con la non attrazione, ma anzi con la fuga dei capitali.

Il risultato del vertice citato va dunque vicino alla terza ipotesi, quella della riorganizzazione costituzionale dell'Unione Europea, ma con un limite fondamentale: c'è il meccanismo del rigore, per fare l'unione fiscale, ma manca quello della solidarietà. Questo è grave, anche perché così si ignora e comunque non si supera la più forte criticità strutturale in essere all'interno dell'Unione Europea. In specie, se anche al livello superiore si riuscisse a fare l'unione fiscale, come disegnata nell'ultimo vertice, al livello inferiore resterebbero comunque troppo forti i differenziali tra le economie reali sottostanti. Si ignora in particolare che i differenziali reali, che sono e resterebbero sottostanti all'unione fiscale, non si colmano certo solo rafforzando il mercato interno, magari incrementando il numero delle regole europee, ma anche e soprattutto, come vedremo, usando con forza decisiva gli Eurobond, per investimenti pubblici di sviluppo e di unificazione.

Per concludere, a valle dell'ultimo vertice, a questa altezza di tempo, se tutte in sé sono possibili, quanto probabili sono ora le quattro ipotesi in campo? Formulare oggi previsioni in questo contesto è oggettivamente difficile. A titolo puramente indicativo, e certo non impegnativo, si può comunque ipotizzare quanto segue:

a) la prima ipotesi non è solo rimasta possibile, è rimasta anche probabile. È comunque un'ipotesi tragica;

b) la seconda ipotesi non solo è ancora possibile, è divenuta a sua volta un po' più probabile. Contro la sua probabilità gioca comunque, per ora, ancora la sua difficoltà di montaggio. Perché, a differenza della prima, che sarebbe fatalmente automatica, questa ipotesi presuppone una volontà politica. Una volontà che finora nessuno ha ancora dichiarato di avere, avendo anzi i leader, tutti insieme, quanto meno dichiarato di volersi impegnare per la terza ipotesi, per l'ipotesi di riorganizzazione costituzionale;

c) la terza ipotesi è pure possibile, e quanto probabile dipende soprattutto da noi. Dipende dalla determinazione politica che vogliamo mettere, popoli e Stati, nella riorganizzazione costituzionale dell'Europa. In questo libro è questa, si ricorda, l'ipotesi preferita. Preferita, ma – si ripete – a condizione che sia *completa* e politicamente integrata con la quarta ipotesi che viene presentata qui di seguito. Un'ipotesi non basata solo su un'unione fiscale, sopra, ma basata anche sugli Euro-bond, sotto, perché non sia, quello che si va a impiantare in Europa, solo un pubblico campo di concentramento finanziario. È proprio per questo che il vertice dell'8-9 dicembre 2011 non pare risolutivo: insufficiente per eccesso e per difetto insieme. Troppo rigido, per i bilanci pubblici; troppo poco solidale, invece, soprattutto per l'assenza degli Eurobond eccetera. In ogni caso, il tempo è strategico. Su tutto il processo incombe infatti e si ripete sempre il rischio dell'incidente, l'incidente del presente, perché il tempo della politica non è allineato con quello del mercato finanziario e non pare esserci ancora, tra il dire e il fare, un ponte sufficientemente solido per convincere;

d) la quarta ipotesi è infine quella dell'*uscita di sicurezza*, indicata qui di seguito.

Quale che sia l'ipotesi che infine si realizzerà, tanto per fronteggiare ipotesi negative, come la prima e la seconda, quanto per rafforzare ipotesi positive, come la terza, serve comunque sollevare lo sguardo oltre il presente.

XII
Una «Nuova Alleanza»

Questa crisi ha marcato e marca un tornante della storia. Prima si trattava di una previsione,[19] oggi è una constatazione. Non si è infatti inceppato solo un ingranaggio, all'interno del nostro sistema economico e sociale. È stato ed è molto di più: è il sistema che, passando quasi di colpo dalla dimensione nazionale a quella globale, passando dal vecchio a un nuovo tipo di capitalismo, passando dallo stato solido allo stato liquido, ha drammaticamente cessato di essere quello che era, e cioè un *sistema*.

Quello che oggi stiamo vedendo e vivendo non è dunque una fase, ma un cambio di paradigma. Come tra Tolomeo e Copernico: non è più il sole che si alza, ma l'orizzonte della terra che si abbassa. Per essere chiari, il sole che più non sorge è quello dello sviluppo o del benessere automatico e garantito, gratuitamente reso possibile dalla magia finanziaria, per tramite dei suoi maghi e dei suoi fedeli e adepti, tutti questi co-

[19] Si veda G. Tremonti, *La paura e la speranza*, cit.

munque ancora in servizio permanente effettivo, a fare disastri.

Non possiamo certo più vivere a debito. Così facendo rischiamo infatti di redistribuire solo verso l'alto quel tanto di ricchezza che ancora produciamo. Stiamo in specie erodendo, rischiando di erodere le basi della nostra vita civile, della nostra democrazia, infine della nostra morale. Ciò è appunto e da ultimo proprio quello che il *raptus* tecnico porta a fare. Non a ridurre il costo della finanza, ma a ricalcolare il perimetro della vita, commisurando ad esempio il *quantum* delle nostre cure mediche al loro onere a carico del bilancio pubblico, pareggiando la durata possibile della vita, notoriamente più costosa quando si è vecchi o malati o tutte e due le cose insieme, al margine ammesso per il matematico equilibrio del pubblico bilancio. Questo accorciamento essendo argomentato con la motivazione, benevolmente consolatoria, che quello che conta, nella «società del benessere», non è la durata della vita in sé, ma la «qualità della vita»!

Come si vede, quando si configura una crisi di civiltà, il fascismo con i suoi cugini è subito pronto a farsi strada, velocemente passando da un campo all'altro, nel caso passando dal campo della finanza a quello dell'ingegneria sociale. Ciò che dobbiamo dunque fare non è ignorare la realtà – si è detto e si ripete che in Occidente non possiamo più vivere a debito – ma adattare nel migliore e più umano modo possibile la nostra vita alla realtà. E il migliore modo possibile per farlo non è *tecnico* ma *politico*. La soluzione non è nella non politica, ma nella politica.

Una politica tanto ambiziosa e difficile quanto necessaria: non cercare di «gestire» una realtà che tanto non si può gestire, perché genera crisi a catena, ma provare a cominciare a scrivere un nuovo *contratto sociale*.

Sappiamo in specie quello che non dobbiamo fare: continuare come se nulla fosse, come se fosse possibile il «risanamento» finanziario all'interno del cosiddetto sistema. Se le politiche di questo tipo fossero insieme efficaci e giuste, giuste ed efficaci, avrebbe ancora senso crederci e applicarle.

Ma non è così. Pensare che queste siano da sole sufficienti sarebbe infatti come concretizzare il più vasto piano mai congegnato di fallimento dei tanti a vantaggio dei pochi. Farlo attraverso accanite catene di manovre finanziarie via via destinate a rendersi inutili e dannose l'una dopo l'altra, l'una con l'altra, seguite da disordini sociali, da spoliazioni industriali e patrimoniali di interi Paesi, sarebbe il progetto di suicidarsi al solo fine di fallire!

Le azioni di risanamento finanziario, se ben concepite ed equilibrate, sono certo necessarie, ma da sole non sono e non saranno mai sufficienti, se pensate all'interno del cosiddetto sistema, se lo sforzo è limitato a subirlo, il cosiddetto sistema, e non anche mirato a cambiarlo o a uscirne.

Dobbiamo tutti insieme ricominciare dunque a pensare. A pensare in modo non passivo, non fatalistico, non convenzionale. Essere non succubi, non vittime della tirannia della realtà e della sua assurda attuale normalità finanziaria. Ma pensare che sia possibile una realtà diversa. Come si cercherà di indicare qui di seguito, se c'è molto da *evitare*, non c'è tuttavia molto da *inventare*. Per la semplice ragione che la via più giusta da cercare non è una via nuova, ma una via che già c'è, se pure nascosta nel nostro passato prossimo. Una via che il fanatismo del mercato, prima, e la follia del mercato finanziario, poi, hanno cercato di seppellire, di nascondere, di cancellare dalla nostra carta sociale.

La storia non si ripete mai per identità perfette. Ma c'è un'analogia insieme possibile e probabile, tra quello che viviamo e vediamo oggi, soprattutto in Europa nel pieno di una crisi che è insieme economica e politica, e quanto è stato già fatto superando i vecchi schemi, sostituendoli con nuovi e agendo di conseguenza, negli Stati Uniti d'America contro la Grande Depressione, nel 1933, con l'idea del New Deal. Oggi, in Europa, è appunto arrivata l'ora per una «Nuova Alleanza», tra popoli e Stati.

Non è facile, ma è assolutamente necessario cominciare a pensarla e a farla, questa alleanza, persona per persona, comunità per comunità, cominciare a pensarla e a farla nei luoghi di lavoro e di studio, nei luoghi del pensiero e della politica, Paese per Paese, intrecciando i fili di un comune disegno politico e morale, cucendo le stelle per una nuova bandiera, tanto simile a quella che per decenni con orgoglio abbiamo visto battere in tutto l'Occidente.

La forma di pensiero che ora nuovamente ci serve è quella insieme propria del *pensiero comunitario* e del *pensiero sociale*. È per questo, per cominciare a definirla concretamente, che si elencano qui di seguito alcuni molto semplici e quasi operativi materiali di riflessione politica sulla politica.

1) Non c'è politica senza sentimenti e i sentimenti propri di una politica degna di questo nome sono solo i sentimenti morali. Così dovrebbe essere sempre, ma è soprattutto la crisi che fa di molto salire il valore proprio dei sentimenti morali. La politica non è, infatti, e non può essere più un fine (a se stesso), ma un mezzo. Un mezzo per fare qualcosa, qualcosa che sia possibilmente giusto per gli altri. Oggi in realtà viviamo alla fine di un mondo che per poco tempo, più o meno per un ventennio, ma tuttavia molto intensamente, ci ha drogato e cullato con l'idea del benessere progressivo e gratuito donatoci dalla finanza. Un mondo in cui l'impossibile o l'impensabile diventava possibile e reale, in cui il superfluo contava più del necessario. Una droga così potente non ha del tutto cancellato in tanti di noi, nei meno giovani, la diversa faticosa memoria del passato. Ha invece occupato la maggior parte della vita dei giovani. Ed è per questo che ora, con la sua fine, più li stranisce, più li annichilisce e più li colpisce (ma sui giovani torneremo più avanti). Per tutti è duro, ma

soprattutto per i giovani è più duro il ritorno alla realtà. La fine della società dei desideri appagati gratis. Il ritorno a un mondo in cui gli alberi non crescono più dall'alto, ma come prima dal basso; un mondo in cui gli strumenti di lavoro contano più degli strumenti finanziari; in cui un utensile conta più di un *future*.

Un passato cui dobbiamo tornare, anche perché ci saremo tutti costretti dal rallentamento dell'economia globale. Recuperando il senso del limite e del rigore, del dovere, del sacrificio, della disciplina. Ridando valore e dignità a tutte queste antiche parole.

Non c'è una macchina totalitaria capace di ricostruire il mondo. Non c'è più un'ideologia che lo prometta o che lo pretenda.

Dobbiamo, però, e possiamo avere una fede, religiosa o laica che sia. Per chi crede, fede nella capacità di adeguare la città dell'uomo alla città di Dio. Comunque fede nella nostra capacità di adeguare, progressivamente e insieme, il reale all'ideale.

Non facendolo solo per atti singoli di singoli, ma per atti comuni ispirati da un comune disegno. E in specie non solo con singoli, pur se molto meritevoli, atti di «dono». Ma fare tutto questo dentro un disegno più ampio e organico, che contenga, sviluppi e promuova l'idea del *bene comune*, così di nuovo facendo pieno riferimento alla famiglia, alle comunità, allo Stato.

2) Quello che è certo – e per verificarlo basta leggere quanto scritto nel prossimo capitolo – è che una po-

litica di questo tipo non è né di destra né di sinistra, perché non più definibile in base alle vecchie categorie ideologiche.

E non è neppure una politica *contro il mercato*, se del mercato si ha l'idea originaria della *Ricchezza delle nazioni*, ricchezza appunto, ma anche nazioni, e non la sua degenerazione nel «mercatismo».

Se il mercato finanziario impone ora lo «stato di necessità», cioè l'applicazione a difesa del suo interesse di un non democratico *superpotere politico*, se esso stesso invoca lo Stato, non ci si scandalizzerà dunque, da parte dei residui credenti nella sua fallita fede, se qui si ipotizza il ritorno alla regola del mercato *dovunque possibile*, ma delle comunità e dello Stato *dove necessario*. Soprattutto se tutto questo viene organizzato nella forma politica qui preferita, nella forma dell'«economia sociale di mercato». In *La paura e la speranza* già era previsto «il clamoroso ritorno della mano pubblica». La mano pubblica è poi effettivamente tornata ed è stata usata, ma purtroppo prevalentemente male, per salvare la finanza. Ora è arrivato il momento, l'ultimo momento per usarla ancora, ma bene.

3) Certamente una politica di questo tipo deve e non può che essere tanto convinta quanto coraggiosa; coraggiosa perché, volendo rimettere la politica sopra la finanza, il giusto al posto dell'ingiusto, il diritto al posto dell'abuso, l'idea del bene comune al posto del mito dell'affare individuale, questa politica non solo va con-

tro un potentissimo blocco di interessi costituiti, ma cerca di smontarlo ricostruendo la gerarchia tradizionale dei valori civili. Un tipo di politica, questo, che ha tuttavia due punti di forza: non è una politica nell'interesse dei pochi, ma dei più; è una politica che non ha in sé il palpito inquieto e tragico dell'ultimo effimero ventennio, ma il respiro profondo della storia.

4) Una politica di questo tipo deve essere concreta, dal latino *cum crescere*, crescere insieme. Per questo non può essere fatta da idee che scendono dall'alto verso il basso, da idee fredde, remote, tecnocratiche. Questa è stata, infatti, la fine dell'idea europea. Al principio non era così. Al principio il messaggio era forte, caldo e capace di prendere il cuore e l'interesse dei popoli. Grandi leader che parlavano di pace tra i popoli, di carbone e di acciaio, di energia e di agricoltura. Ora è tutto chiuso nel freddo agghiacciante dei differenziali di *spread* sui titoli, su titoli che, si è già notato, sono paradossalmente denominati in quella che dovrebbe essere la stessa comune moneta!

Una politica di questo tipo deve essere concretamente credibile. In questo momento la politica è invece divenuta, certo anche per sua colpa, tanto poco credibile quanto un falso obiettivo. Ed è per questo che si è messa sotto un doppio stress: da una parte, la politica non può più fare come prima, perché la crisi ne ha radicalmente ridotto i classici mezzi di intervento, attraverso la spesa pubblica o la riduzione fiscale; ma dall'altra, per contro sono proprio i popoli che, pressati dalla crisi, per inerzia, perché lo hanno fatto per decenni, continuano a chiedere di più proprio alla politica, che tuttavia invece di dire la verità, li illude!

Se tanti comunque si rivolgono al falso obiettivo, o si prestano a farlo, nessuno o pochi ancora si rivolgono al vero colpevole, e cioè alla finanza.

La politica può uscire da questo stallo, da questa fase di colpevole abulia e complicità, e rimettersi al servizio dei popoli, *solo* se ha la forza di cominciare con una prima mossa concreta e decisiva, la forza di mettersi *sopra* la finanza. La forza di presentarsi non come la *causa* dei problemi, ma come la loro possibile *soluzione*.

Come prima, così adesso gli Stati, la politica e i governi, se lo vogliono, possono dunque e devono riprendere il loro scettro, nel nome dei popoli e per il bene dei popoli.

5) Siamo società troppo vecchie, e dunque serve uno shock. Non traumatico, come una volta erano le guerre o le rivoluzioni (queste per la verità mai da escludere). Ma almeno uno shock politico. Quale potrebbe essere? C'è una sola via: cambiare le Costituzioni per dare ai giovani un «doppio voto politico», due schede invece di una, perché i giovani, oggi minoranza, possano davvero decidere sul loro futuro. Il futuro è il loro, ma sul futuro i giovani sono insieme sopra-interessati e sotto-rappresentati. Se a cavallo tra Ottocento e Novecento il suffragio universale ha battuto quello censitario, che

favoriva i ricchi e le élite, ora il «suffragio giovanile» può integrare un uguale, se pure diversamente nuovo, tasso di giustizia sociale.

6) Una politica di questo tipo deve comunque essere democratica. Se non è democratica, nel senso della sua diffusione reale nel consenso popolare, non esiste. Non è poi così difficile che sia così. Quando le cose vanno bene, la politica tende a promettere ricchezza per tutti. Quando le cose non vanno bene, la politica deve invece garantire sicurezza. In tempi di crisi non si può e non si deve inventare e neppure promettere l'impossibile, la «felicità in terra». Tanto più che questa, più che da promettere, è realmente difficile da realizzare, con la crisi, dopo la crisi! Ma si può e si deve invece garantire la cosa più importante: la sicurezza.

7) Date le interconnessioni giuridiche, economiche e sociali che sono in essere «Europa su Europa», una politica di questo tipo non si può fare in un solo Stato membro e perciò deve essere quanto più possibile diffusa in Europa, non può fermarsi sui vecchi confini nazionali. Fatta essenzialmente da idee, può e deve superarli, i vecchi confini, volandoci sopra!

In ogni caso, non ci si può fermare a quel *dictum* della Corte Costituzionale tedesca che, non troppi anni fa, ha stabilito che in Europa c'è un deficit di democrazia, motivandolo con il rilievo della mancanza di un *demos*, di un «popolo uniforme europeo». Su questa base si dovrebbe concludere che, non essendoci negli Stati Uniti d'America un «popolo uniforme» alla tedesca, ma piuttosto una popolazione eterogenea per origini geopolitiche, razze, culture, religioni, usi, costumi, allora non c'è democrazia negli Stati Uniti d'America!

8) Non è questa forse ancora la fase per discutere sull'assetto politico futuro dell'Europa, quale può essere dopo la chiusura, in positivo o in negativo, della discussione sull'euro.

Certo, se a determinate condizioni politiche si vuole e si dice di volere un'Europa comune, si deve anche accettare, in alternativa alla dittatura dell'economia, in alternativa alla dittatura delle tecnocrazie finanziarie, un maggiore grado di politica democratica comune, a partire da più forti poteri al Parlamento europeo, facendo infine e soprattutto riemergere, dal profondo della storia, le Regioni europee. Per contro, facendo fare corrispondentemente il giusto passo indietro alle istituzioni tecniche come la BCE, che, invece di avanzare nel campo lasciato colpevolmente finora libero dalla politica, dovrebbero tornare e restare nel loro predeterminato e limitato campo tecnico di azione, così ripristinando i confini naturali della sovranità politica democratica.

9) Le difficoltà e le sfide politiche che ora ci si presentano tutte insieme possono essere superate usando le nuove opportunità offerte dalla Rete, che è la piattaforma più adatta per sviluppare questo nuovo tipo di politica.

Ci possiamo dunque ritrovare insieme nella Rete non solo per contarci ma anche per contare. Siamo infatti noi e tutti insieme in gruppo che, se vogliamo il ritorno utile della politica, abbiamo il potere-dovere di attivarci.

In particolare, la politica, se torna a essere alta e nobile, può avanzare. Ma può e deve farlo solo se ha la capacità di recuperare quanto di buono viene dal passato, la capacità di sintetizzare il particolare nel generale, l'interno con l'esterno, la capacità di avere e rappresentare una visione generale ispirata dall'interesse comune, la capacità di seminare nel proprio campo di ideali e valori che si irradiano fuori dai confini nazionali, che li superano, confermando le proprie radici, senza sradicare o strappare le radici dei vicini o dei più deboli. Le idee più adatte per farlo, per unirsi in uno spirito comune, sono quelle generali e morali e perciò non a priori egoistiche. Sono, si ripete, le idee *comunitarie*, le idee *sociali*.

I campi per cominciare a seminare idee di questo tipo sono, come vedremo, almeno tre e percorrerli vuole dire mettersi sulla strada giusta, la strada verso l'*uscita di sicurezza*.

C'è un detto secondo cui i politici sanno cosa fare, ma non sanno come farsi rieleggere. È così che i popoli vengono ingannati e i politici vengono a loro volta sostituiti dai tecnici, che non hanno o pensano di non avere bisogno dei popoli. È arrivato il tempo per interrompere questo circuito.

La logica, l'essenza politica propria del disegno tracciato in questo libro è in specie quella di riavvicinare di nuovo i popoli e gli Stati, di riavvicinarli in una «Nuova Alleanza». Le paure e le proteste, i bisogni e i diritti fondamentali dei popoli congiunti con la riconquista del potere da parte degli Stati.

La situazione non è solo molto difficile, è anche molto diversa da Paese a Paese, diversa per gradi di criticità e di difficoltà, per mix tra debiti privati o pubblici, ma è essenziale fare di necessità virtù, rimuovere alla radice la causa della crisi, lo strapotere della finanza; è essenziale ritornare alle regole e porre alla base dell'economia un piano di grandi investimenti pubblici per il bene comune; è essenziale riequilibrare le posizioni tra creditori e debitori, evitare eccessi di correzione-depressione, conservare le basi industriali e patrimoniali dei singoli Paesi, indispensabili, queste, proprio per finanziare il risanamento. Per farlo è fondamentale tornare a usare parole come regole, speranza e dignità, bene comune, famiglia, comunità e Stato. Tutto questo, se anche pare difficile, è ora assolutamente necessario.

XIII
L'uscita di sicurezza

Non possiamo più confondere la malattia con la medicina e perciò continuare ad avere fede nella finanza e nelle sue ricette. Non è saggio attendere una miracolosa accelerazione nella crescita economica. Anzi, come notato sopra, è più saggio attrezzarsi diversamente, valorizzando quei fattori etici e morali, di equilibrio e di giustizia che diventano sempre più rilevanti proprio nelle crisi.

È difficile pensare che a salvarci (?!) arrivi una grande inflazione, non voluta dalla BCE, ma soprattutto non voluta dalla Cina che, essendo largamente creditrice, con una grande inflazione che ne svaluta i crediti ci perderebbe economicamente e, di riflesso, si destabilizzerebbe socialmente.

Non è infine sensato aspettare che a liberarci arrivi una guerra. Certo, le guerre sono un mostruoso acceleratore economico. La Germania entrò nella Seconda guerra mondiale ancora usando i cavalli e ne uscì con le V2. Ma il loro folle effetto acceleratore le guerre lo producono solo se sono *grandi guerre*, guerre tra grandi potenze, e non da grandi potenze contro potenze inesistenti o inventate. L'effetto acceleratore le guerre lo producono in specie solo se sono guerre mondiali e non locali, tragedie strutturali e non espedienti congiunturali. No, grazie.

È per questo che l'uscita di sicurezza può essere trovata solo in una *grande politica*, in una «Nuova Alleanza» tra popoli e Stati. Mettere lo Stato sopra la finanza e la finanza sotto gli Stati; fare prevalere le regole sull'anarchia; avviare grandi progetti di investimento pubblico per il bene comune. Si può, si deve partire anche da un singolo Paese, ma poi è essenziale mettersi tutti insieme. Proviamo dunque a immaginare il principio di un nostro diverso futuro, nei termini che seguono:

– abrogare le leggi vigenti e tornare, nella lettera e nello spirito, alle vecchie gloriose leggi bancarie modellate sul tipo della legge Glass-Steagall del 1933, scritte per dividere l'*economia produttiva* dall'*economia speculativa*;

– spingere ad adottare, nella forma di un nuovo Trattato internazionale multilaterale, il decalogo OCSE sui princìpi di appropriatezza, trasparenza e integrità nell'economia;

– fare gli Eurobond.

Sono invece da considerare con una certa prudenza, tuttavia senza un «no» a priori, soprattutto tenendo conto della posizione europea sul punto, ipotesi di tassazione delle rendite finanziarie tipo *Tobin tax*. Con una certa prudenza, per due ragioni: perché questo tipo di tassazione è respinta dalle principali piazze finanziarie non europee, dalla City di Londra, da Wall Street, dalle piazze asiatiche. E in questo modo si spiazzerebbe l'Europa; soprattutto, perché questo tipo di tassazione, se introdotto, di fatto legittimerebbe *ex post* proprio quelle operazioni finanziarie che, invece, dovrebbero essere radicalmente vietate *ex ante*!

Mettere lo Stato sopra la finanza e la finanza sotto lo Stato

Due secoli fa è stato detto: «Sinceramente sono convinto che le potenze bancarie siano più pericolose che eserciti in campo» (Thomas Jefferson, 1816). Oggi è più o meno così ed è per questo che è arrivato il tempo di mettere lo Stato sopra la finanza e la finanza sotto lo Stato. Il tempo per fissare un limite allo strapotere della finanza. Farlo, finalmente, vuole dire porre fine a un ciclo ventennale di prevalenza contro natura dell'interesse particolare sull'interesse generale, vuol dire «cacciare i mercanti dal Tempio», vincere la malia di potere ancora esercitata dai santoni del denaro.

Farlo vuole dire che è solo lo Stato che emette la moneta nel nome del popolo. Vuole dire che il credito serve per lo sviluppo e non per la speculazione. Vuole dire separare «il grano dal loglio e dalla zizzania», il *produttivo* dallo *speculativo*, come è stato per secoli. Vuole dire cominciare a difendere e stabilizzare i bilanci pubblici. Nell'insieme dare avvio a un sistema economico e sociale diverso, non solo più etico, ma anche più efficace di quel sistema monetarista che sta ora venendo giù e purtroppo ci sta trascinando con lui. Se non facciamo resistenza, se non reagiamo, se non cambiamo.

Si ripete, è arrivato il tempo per riequilibrare il potere tra la finanza e gli Stati, tra la finanza, costituita nei suoi interessi, e la politica deputata a rappresentare l'interesse generale della collettività. Anche nella peggiore delle ipotesi che si possono fare sulla politica, è infatti sempre vero che, per quanto sia o possa sembrare discutibile, una politica discutibile è comunque meglio di una finanza invincibile. È stato del resto detto che la democrazia può essere il peggiore dei sistemi, ma non se ne conoscono di migliori (Winston Churchill). Ebbene, neppure l'autocrazia finanziaria è migliore della democrazia!

La casistica che oggi ci si presenta sullo scenario finanziario e bancario è davvero molto differenziata, tanto a livello nazionale quanto a livello europeo. E non solo. Non c'è dunque un intervento unico da progettare, uno strumento unico da applicare. Ma c'è comunque una logica politica comune da mettere alla base di ogni necessario intervento. In alcuni casi si tratta di rendere meno sistemiche, o non sistemiche, le banche che ancora sono e/o si dicono sistemiche: ridurle di dimensione, scinderle, depotenziarle perché è arrivato il tempo della separazione tra *attività produttiva* e *attività speculativa*. Il tempo della separazione tra le banche che raccolgono risparmi e capitali e li investono a proprio rischio nelle grandi industrie, nelle piccole imprese, per le famiglie, per le comunità, per i giovani e le banche che giocano d'azzardo, privatizzano le vincite, socializzano le perdite. Così tra l'altro producendo un risultato opposto a quello di ogni pur discutibile forma di efficienza capitalistica. Le banche devono dunque tornare a essere, e a essere considerate e trattate, come *infrastrutture* al servizio dell'economia e della società. E non viceversa. In altri casi infine le banche devono essere *nazionalizzate*, prima che il loro dissesto lo renda poi necessario, magari ancora a spese della collettività.

Prima, si ripete, si deve separare «il grano dal loglio e dalla zizzania», il bene dal male, aprire o fare aprire i libri contabili, imporre l'accertamento volontario o coattivo di quanto dell'uno e quanto dell'altro c'è in ogni banca, più in generale in ogni grande operatore finanziario.[20]

In specie, gli attivi e passivi *sani* devono essere separati da quelli *tossici*, che vanno segregati. Le tecniche applicabili per operare la segregazione sono diverse, insieme antichissime e modernissime: dal *sabbatico* alla *moratoria*, alla *bad bank*. Ma è chiaro in ogni caso che l'enorme massa finanziaria tossica, che è ancora in essere nel cosiddetto sistema, deve essere scadenzata su periodi i più lunghi possibile e accollata agli speculatori o cancellata. Chi ha giocato d'azzardo non può impunemente alzarsi dal tavolo da gioco, per farci sedere qualcun altro a pagare per la sua perdita. È a chi ha perso la sua scommessa che si deve imporre di pagare!

---

[20] Già nel 2007 è capitato a chi scrive di ipotizzare qualcosa di simile (si vedano gli Allegati n. 3 e n. 12).

Si deve interrompere l'infezione che ha origine nella finanza e che, senza controllo, si sta propagando fuori da questa.

Molti soggetti, molti segmenti, molti blocchi bancari e finanziari devono essere avviati verso ordinate procedure fallimentari. Ad esempio, verso procedure regolate sul modello del Chapter 11 degli USA. Non si può infatti pretendere di salvare tutto, soprattutto quando l'esperienza insegna che, tentando di salvare tutto, alla fine si finisce per salvare il peggio.

Al tempo del New Deal, a partire dal 1933, prima furono introdotte nuove regole e fu riorganizzato il sistema bancario e finanziario, isolandolo dall'attività parassitaria, poi il denaro pubblico fu usato per investimenti pubblici, in infrastrutture, per salvare le famiglie e le industrie. (Su questo tipo di investimenti si veda più sotto.) Per inciso va comunque ricordato che solo il salvataggio dell'apparato industriale americano, così operato, consentì di battere il nazismo.

A partire dal 2008 è stato invece fatto l'opposto: il denaro pubblico è stato prevalentemente usato per salvare le banche e i banchieri; non sono state fatte nuove regole (anzi); non c'è alcun serio, vasto progetto di investimento pubblico per l'economia industriale, fisica e manifatturiera, per le infrastrutture.

Ciò che ora va prioritariamente e assolutamente fatto è invece *primum vivere*. Abbandonare il modello della cosiddetta banca universale, che è poi il DNA della banca sistemica, base di partenza della megabanca globale fallimentare. Per farlo è necessario introdurre una nuova aggiornata versione della legge Glass-Steagall del 1933.[21]

In sintesi, ora come allora è necessario erigere una barriera antincendio, un *firewall*, distinguere tra banche ordinarie e banche d'azzardo, in modo che le banche ordinarie non possano più prestare i soldi dei correntisti alle banche d'azzardo o comprarne i prodotti strutturati. Una distinzione che deve e può essere fatta istantaneamente, abrogando le leggi nuove, introdotte più o meno dappertutto negli anni Novanta, e tornando alle vecchie leggi degli anni Trenta. È proprio questo che va fatto. Non basta certo inventarsi «muraglie cinesi» all'interno delle vecchie banche, come se nulla fosse.

È vero che si possono fare enormi profitti usando per la speculazione i soldi depositati in banca dai correntisti ordinari. Ma è proprio questo che va impedito. I soldi dei correntisti ordinari, prima, e dei contribuenti, dopo, non devono infatti più essere soggetti a questo tipo di rischio. Un rischio che ora si sta estendendo ai bilanci pubblici e, di qui salendo per la scala della crisi, al benessere e alla vita dei popoli.

Non basta. È necessario ridurre il rischio che viene dai derivati. Per farlo è possibile e sufficiente applicare la stessa tecnica: abrogare tutte le leggi che, a partire

---

[21] Ulteriori informazioni sul *Glass-Steagall Banking Act* si trovano nell'Allegato n. 13.

dagli anni Novanta, in USA e in Europa li hanno libe-
ralizzati.

In ogni caso è fondamentale che le banche ordinarie
non possano negoziare e/o acquistare derivati, in nessuna forma.

Così che le banche continuino a fare le banche, facendo solo ciò che possono e devono fare in una logica di
servizio all'economia e alla società, alle grandi industrie
e alle piccole imprese, alle comunità, alle famiglie, ai giovani. Ancora, per ridurre la smania, la droga dei profitti
a qualsiasi costo, va introdotto il divieto di contabilizzare gli utili cosiddetti *upfront*, sulla base del principio
cosiddetto del *net present value*. Questo meccanismo
di calcolo *anticipato* e *attualizzato* dei risultati stimati, e
attesi in futuro da un'operazione finanziaria fatta oggi,
aumenta infatti irrazionalmente negli operatori finanziari la propensione al rischio e, di riflesso, aumenta i bonus dei relativi manager. Se non si introduce un nuovo
sano principio contabile, un principio che permetta di
contabilizzare *solo* i profitti già oggettivamente realizzati e non *anche* quelli futuri attesi, si incentiva il *moral
hazard*: tutti continueranno a sviluppare operazioni di
finanza spericolata, perché così facendo c'è tanto la certezza di fare profitti, scommettendo sul futuro, quanto
la certezza che in caso di perdita interverrà comunque
un prestatore di ultima istanza. Del divieto dei derivati a
partire dai CDS, dei limiti alle agenzie di *rating* eccetera
si è già scritto sopra. Tutto questo, nell'insieme, non è
esagerato. È difficile. Ma è semplice. È necessario.

Fare prevalere le regole sull'anarchia

Parlando bene dell'attuale mezza anarchia, un importante ministro ha dichiarato: «Rispetto a Bretton Woods ci sono in realtà delle differenze giuridiche. Bretton Woods aveva la forma di un Trattato che andava ratificato dai parlamenti. Non volevamo questo genere di complicazioni». Invece è proprio questo che serve! Per citare Sant'Agostino, «togli il diritto – e allora cosa distingue lo Stato da una grossa banda di briganti?». La modernità positivista ha stabilito che la fonte del diritto non è l'«essere» naturale, ma solo il «dover essere». Oggi ci troviamo in un paradosso giuridico che ha creato un vuoto in cui per il soggetto più importante, e cioè per la finanza, alla base delle regole non c'è l'«essere», ma non c'è più neppure il «dover essere»! Senza regole, ogni diverso tentativo di superamento della crisi sarebbe dunque solo la preparazione della crisi successiva. Senza contare che, nell'ipotesi non infondata che questa crisi continui, un maggiore *quantum* di giustizia, quale può venire solo da nuove regole, può essere un giusto antidoto contro le nuove ingiustizie che saranno causate proprio dal durare della crisi.

Per costruire un futuro diverso, servono dunque nuove regole. Non saranno d'accordo con questa tesi i fedeli e gli assertori della teoria del naturalismo economico, ideologicamente contrari a ogni «artificiale» intervento normativo sul mercato, essendo il mercato considerato esso stesso come un luogo «naturale» e perciò per natura luogo neutrale e a-politico.

In realtà il «mercato» non esiste solo in natura, è un luogo insieme naturale e artificiale, mosso certo dagli «spiriti animali», ma anche costruito e organizzato in base a decisioni politiche. Queste sono la «mano visibile» della legge e delle regole, che evitano il prevalere degli animali sul loro stesso spirito.

Leggi e regole. Non auto-regole o *self regulation*. È questo infatti uno dei casi in cui le parole *auto* o *self* cancellano, cancellerebbero la parola legge, la parola regola.

La *self regulation* è infatti tipica dei segmenti periferici della società e dell'economia. È da ultimo tipica della finanza e qui segue di solito una logica *corporativa*.

La *self regulation* può dunque avere un ruolo complementare, ma non fondamentale, non costitutivo. L'esperienza del Financial Stability Board lo prova oltre ogni misura.

Per una strategia di uscita dall'anomia e dall'anarchia serve dunque qualcosa di diverso e soprattutto di più forte. È così che nel tempo presente, nel mercato globale, sotto la pressione della crisi, si è arrivati all'idea del *Global legal standard* (GLS), all'idea insieme vecchia e kantiana, ma anche nuova e assolutamente logica, dato il tempo e lo spazio globali in cui viviamo, di cominciare a scrivere uno *jus cosmopoliticum*.

Se il Novecento è stato il secolo del *gold exchange standard*, questo secolo può, deve dunque essere identificato da un nuovo, diverso e giuridico «parametro globale»: appunto il *Global legal standard*, proposto da chi scrive in un seminario a Parigi nel 2008 e poi dall'Italia nel G7 del 2009. L'avvio è in questo decalogo, approvato in sede OCSE:

1) la correttezza, l'integrità e la trasparenza sono la pietra miliare di un'economia che esige il sostegno e la fiducia del pubblico e che risponde alle esigenze e aspettative di quest'ultimo;

2) una concorrenza efficace è indispensabile per un mercato efficiente e sano e rafforza la produttività e la crescita economica. Le pratiche anticoncorrenziali devono essere punite e scoraggiate e le restrizioni inutili alla concorrenza da parte dei poteri pubblici devono essere eliminate;

3) il governo societario dovrebbe promuovere il rispetto del primato della legge, la responsabilità del consiglio di amministrazione nonché l'equo trattamento e l'appropriata cooperazione con le parti interessate. La remunerazione e gli incentivi dovrebbero essere coerenti con gli obiettivi di lungo termine delle società e con le politiche di rischio;

4) le politiche di divulgazione d'informazioni sulle società dovrebbero essere adattate alla natura, dimensione e ubicazione delle stesse società; tali politiche dovrebbero promuovere un'effettiva trasparenza e garantire la diffusione d'informazioni aggiornate e precise riguardanti le attività, la situazione finanziaria, i risultati non finanziari, il rispetto dei princìpi d'investimento responsabile da parte delle società nonché i rischi pre-

vedibili (in particolare rischi sociali, etici e ambientali), l'azionariato e la *governance* delle stesse;

5) le strutture societarie non dovrebbero essere usate a fini illeciti. Le decisioni societarie dovrebbero tenere in dovuto conto le norme della condotta societaria responsabile. La responsabilità dell'impresa implica che quest'ultima soddisfi al momento opportuno e con accuratezza gli obblighi fiscali in vigore in tutti i Paesi in cui è presente. Le imprese devono rispettare la lettera e lo spirito della legislazione fiscale;

6) la corruzione e in modo più specifico la corruzione nelle operazioni economiche internazionali compromette il buon governo e lo sviluppo economico sostenibile e altera le condizioni di concorrenza internazionale. Sarebbe opportuno adottare misure efficaci di prevenzione (in particolare tramite campagne di sensibilizzazione), di procedimento penale e di repressione;

7) il riciclaggio di capitali costituisce una grave minaccia per l'economia mondiale che compromette l'integrità delle istituzioni finanziarie e che dovrebbe essere perseguita legalmente e punita;

8) l'interazione tra poteri pubblici e imprese (ivi compresi, per ciò che concerne gli appalti pubblici, il lobbying e le cosiddette pratiche di *revolving doors* tra funzione pubblica e settore privato) dovrebbe appoggiarsi sui princìpi di trasparenza, integrità ed equità nei confronti di tutte le parti;

9) gli assetti regolamentari delle attività societarie e dei mercati dovrebbero perseguire obiettivi strategici

chiaramente individuati e generare vantaggi che ne giustifichino i costi, rispettare i princìpi di necessità, di fattibilità e trasparenza ed essere sottoposti a una costante valutazione del loro impatto;

10) una regolamentazione finanziaria efficace è essenziale per sostenere il buon funzionamento e la stabilità del sistema finanziario. L'istruzione finanziaria e la tutela dei consumatori costituiscono un elemento importante di tale assetto. La responsabilità e la trasparenza delle istituzioni finanziarie e di intermediazione finanziaria dovrebbe essere incoraggiata affinché le stesse forniscano informazioni e consigli equi e trasparenti ai loro clienti e promuovano la sensibilizzazione finanziaria degli stessi.[22]

Avviare grandi progetti di investimento pubblico
per il bene comune

Dopo la guerra, il più grande, il più forte *driver* dello sviluppo è stata l'automobile. Per cominciare, sviluppo economico: metallo, vetro, componentistica necessari per fabbricarle; ma poi anche cemento e asfalto necessari per farle circolare. Ma in parallelo anche la promozione di un nuovo stile di vita, ispirato dal so-

---

[22] Tutto quello che si vuole sapere in più sul processo di trasformazione di questo decalogo in un Trattato internazionale multilaterale si trova nell'Allegato n. 14.

gno e dalla realtà dell'auto. Uno stile che per decenni in Europa ha modellato la vita nel senso della libertà e del progresso.

Oggi ci manca un *driver* di questo tipo, tanto potente, tanto parte visibile e utile della nostra vita, tanto forte da esserne una ragione. Tale non è stata e non è la *new economy*. Questa, per quanto avanzata, evoluta e importante, è stata tuttavia ed è solo strumentale: sta allo sviluppo come l'energia o la luce elettrica, nell'altro secolo, stavano strumentalmente all'industria. La facevano (la fanno) funzionare bene, ma non erano e non sono, se non in parte convenzionale da definire, industria in sé.

Ciò premesso, va notato che l'economia contemporanea è in bilico tra due modelli generali: un modello *liberista* e *monetarista* e un modello *misto* e perciò diverso, capace di contenere in sé, in vario grado, anche gli elementi tipici, se non dell'economia di comando, dell'*economia sociale di mercato* e della *domanda pubblica*.

In particolare, il primo è un modello *postmoderno*, fatto essenzialmente da due sole componenti: *domanda interna + export*.

È, questo, un modello che oggi ci si rivela precario per due ragioni: perché dentro società che, se non opulente, sono certo ricche, la domanda interna, prevalentemente per beni di consumo, tende naturalmente alla saturazione; perché l'export dipende da scelte, da fatti, da eventi esterni, e ha perciò in sé un elevatissimo tasso di *incontrollabile variabilità*.

Poi c'è l'altro modello che è fatto con l'aggiunta, alle prime due, di un'altra componente: quella costituita dalla domanda pubblica per beni pubblici di interesse collettivo. Per vasti e necessari programmi di investimenti pubblici mirati al bene comune, a partire dalle infrastrutture, tanto materiali e/o fisiche, quanto immateriali.

È evidentemente, questo, un modello che si basa *anche* sullo Stato e che perciò si differenzia da quello monetarista, che si basa *solo* sul mercato. Va per inciso notato che, guardando sulla mappa geoeconomica del mondo, e adottando una metrica non limitata all'istantaneo e all'effimero del breve termine, oggi risulta evidente che, mentre il primo modello non sembra vincente, ma anzi molto sofferente, il secondo modello pare invece più efficiente e probabilmente può essere ora vincente dopo decenni di monetarismo e di politica anti-industriale.

È proprio questo che ora serve, su più vasta scala, in Europa. È questa soprattutto la ragione degli Eurobond. Un'idea non solo finanziaria, ma inizialmente e strutturalmente soprattutto *industriale*.

È in specie, quella degli Eurobond, una storia che si può sintetizzare nei seguenti termini.

Al principio, alla base, c'è l'idea dello Union bond. Un'idea lanciata per la prima volta nel 1993 da Jacques Delors, allora presidente dell'Unione Europea. Non solo l'idea di finanziare per questa via gli investimenti infrastrutturali europei, ma molto di più: l'idea di estrarre il dividendo di Maastricht, il dividendo dell'unione monetaria, per promuovere in Europa la crescita economica: *Growth, Employment and Competitiveness*.

Quell'idea è rimasta nei cassetti della politica per dieci lunghi anni. È stata ripresa solo nel secondo semestre del 2003, il semestre italiano di presidenza europea. Qui, citando il Piano Delors come base di partenza, fu da chi scrive inserita nel Programma ufficiale italiano l'idea di Delors, e argomentata non solo economicamente, ma anche e soprattutto politicamente: non solo una tecnica finanziaria, estesa dall'idea basica originaria del finanziamento delle grandi infrastrutture europee per arrivare fino all'industria della difesa e all'economia verde, ma soprattutto un'idea politica alla Hamilton, il primo ministro del Tesoro degli Stati Uniti d'America: «con una piccola quantità di denaro si costruirà una grande Nazione».

La prima reazione fu allora negativa: *burocratica*, da parte della Commissione europea; *istintiva*, da parte della Germania: la sindrome di Weimar, la permanente paura dell'iperinflazione, e dunque un «no» pregiudiziale al debito pubblico, in qualsiasi forma fosse espresso, tanto nazionale, quanto appunto europea; infine *politica* da parte del Regno Unito: Eurobond = Euro-budget; Euro-budget = *Super State* europeo. No, grazie!

Da allora l'idea degli Eurobond è stata solo saltuariamente, accademicamente ripresa. È solo con la crisi finanziaria che è tornata con forza sulla scena. Sia qui consentito citare la proposta Juncker-Tremonti («Financial Times», 5 dicembre 2010). Altre sono venute. Rispetto all'idea prima del 1993, seguita a dieci anni di distanza da quella del 2003, l'idea del 2010 è solo una variante, diversa nella finalizzazione: non raccogliere sul mercato capitali privati, per finanziare investimenti pubblici europei, ma emettere sul mercato titoli pubblici europei; ciò al fine di stabilizzarne e normalizzarne le emissioni, in modo da non sostenere un costo addizionale causato dalla speculazione e dalla sfiducia riservate dai mercati all'Europa, di cui più non si capisce la comune *raison d'être*. Le due idee di Eurobond, la prima più *industriale*, la seconda più *finanziaria*, non sono in contrasto con lo spirito e neppure con la lettera dei Trattati di Unione. Qui va in specie notato che, se contenuti sotto il 60% del debito pubblico, e cioè sotto il *plafond* previsto dai Trattati, come secondo la proposta Juncker-Tremonti, gli Eurobond sarebbero perfettamente compatibili con il Trattato già in essere, non costituendo un mezzo per aumentare l'indebitamento oltre il consentito. E del resto già nel 2008, nella prima fase della crisi e per gestirla, i Trattati sono stati, e lo si è notato sopra, molto flessibilmente interpretati. In ogni caso, se per emettere gli Eurobond fosse politicamente necessaria una modifica dei Trattati per rafforzare la *governance*, sarebbe un bene e non un male, non un *costo* ma un *investimento*.

In sintesi, le due idee di Eurobond, quelle del 1993-2003 e quella del 2010, riflettono e applicano una buona logica politica comune. Tanto più necessario, questo

tipo di logica, se si considera che stiamo andando verso
un non breve periodo di crisi economica, per cui è vitale non solo controllare e ridurre il costo dei debiti
pubblici, ma anche aumentare gli investimenti pubblici in una giusta logica di *economia mista*. E comunque
di economia non basata solo sulla (fallimentare) ricetta
monetarista e liberista, o all'opposto solo sulla teoria
dello Stato monopolista, ma su di una giusta combinazione di entrambe.

Ciò che comunque va evitato è il sofisma che da ultimo è stato inventato contro gli Eurobond: gli Eurobond presuppongono un'unione fiscale europea che
stabilizzi e normalizzi le finanze pubbliche, ma se viene raggiunta questa necessaria condizione di stabilità
allora gli Eurobond non servono più! Non è così. Il
dilemma in cui si trova l'Unione Europea è infatti più
drammatico: si può avere *sopra* un'unione fiscale se c'è
sotto una fondamentale strutturale differenziazione
nell'economia reale?

È evidente che, all'interno dell'area dell'Unione, ci
sono ancora enormi differenziali reali. Differenziali che
vengono dalla storia, dalla geografia, dalla demografia
di ciascun Paese. Può essere che questa asimmetria, tra
unione fiscale ed *economia reale*, possa essere superata
rafforzando il mercato interno. Questo processo può
essere necessario, ma non è certo da solo sufficiente,
proprio perché è in sé il mercato che è sempre necessario, ma non è mai da solo sufficiente. È anche per
questo che ora servono in Europa investimenti pubbli-

ci in nuove grandi infrastrutture di sviluppo e di collegamento.

Se la cattiva politica genera *corruzione*, la cattiva finanza genera qualcosa di ancora peggiore: la *distruzione*. Non è detto che l'assenza programmata totale della politica porti alla salvezza. Per la semplice ragione che il vuoto lasciato dalla politica è stato ed è riempito proprio dalla finanza.

L'alternativa alle autocrazie finanziarie è dunque tanto nell'economia produttiva quanto in governi che insieme siano attivamente impegnati in programmi di investimento per il bene comune e che trovino in questi e nella loro oggettiva realizzazione la loro legittimazione nazionale ed europea.

Come premesso, i progetti esposti qui sopra, sul rapporto Stato-banche, sul rapporto diritto-mercato, sul rapporto privato-pubblico, sono solo i primi che si possono elaborare. Non sono, si è già ricordato, solo progetti nuovi: riflettono e contengono soprattutto esperienze del passato. Ne sono l'attualizzazione. Tuttavia, come furono fondamentali allora, possono, devono esserlo ora. Possono essere, tutti insieme, la base di partenza per un'azione politica nuova, insieme nazionale e transnazionale.

Si può, si potrebbe dire, ci si aspetta che ci si dica che sono, questi progetti, *troppo generali* ovvero *troppo astratti*: quel che serve è invece qualcosa di più concreto, di più attuale, realizzabile subito!

Oggi proprio questo non pare tuttavia un limite: bisogna infatti cominciare a spalancare le finestre, a volgere lo sguardo verso l'alto, a guardare il cielo, a essere non gretti ma ambiziosi.

Si può passare dal generale al particolare. Ma è un errore pensare che sia possibile fare il contrario, pensare che ci possa essere il particolare senza il generale. Cercando di cambiare sotto, ma lasciando sopra le cose come stanno. È infatti proprio questa la via maestra per non cambiare niente e per perdere tutto, per perdere alla fine anche la libertà.

Se volete, potete comunque contribuire, allungare l'elenco dei progetti, interagire con questo libro sul sito www.giuliotremonti.it.

Allegati

Allegato n. 1

Alcune carte di lavoro

Lettera inviata dal Ministro Giulio Tremonti
al Ministro Christine Lagarde[23] (29 settembre 2008)

Cara Christine,

dopo il voto del Congresso americano [*omissis*], vorrei farti avere le mie prime reazioni data l'urgenza della situazione.

Prima di tutto, non possiamo reagire a una situazione straordinaria con strumenti ordinari; non è possibile affrontare una nuova e veramente incerta realtà con vecchi strumenti; non possiamo pensare localmente su questioni che hanno davvero origine e sviluppo profondamente globali. Questa è la ragione per cui vorrei proporre alcuni punti (da 1 a 4) in modo da affrontare immediatamente insieme, a livello politico, l'attuale crisi: questo significa *primum vivere*!

---

[23] Ministro francese dell'Economia, dell'Industria e del Lavoro, dal 2007 al 2011 (Presidenza di turno dell'Unione Europea nel settembre 2008).

Il nostro mercato è un insieme complesso di elementi, tra i quali trasparenza e fiducia – che sono strettamente connessi l'uno all'altro – giocano un ruolo veramente cruciale per quanto riguarda la forza delle nostre economie. Purtroppo, in questo particolare momento, l'unico elemento veramente in forte crescita è la speculazione; ed è proprio quello che è più drammaticamente e profondamente antitetico tanto alla trasparenza quanto alla fiducia. Quindi dobbiamo agire in fretta per evitare ulteriori effetti negativi.

Solo dopo saremo realmente capaci di studiare come evitare crisi future e lavorare insieme per il nuovo scenario che tutti vogliamo (che tutti dobbiamo...) costruire. E siamo decisamente d'accordo sul fatto [omissis] che un nuovo ordine richiede certamente un consenso molto vasto.

Le proposte, per l'immediato:

1) le regole contabili sono strategiche. Le regole che abbiamo sono suicide. È per questo che è essenziale definire in tempi brevi un nuovo sistema di *accounting standards and rules*;

2) in funzione di questo obiettivo può essere necessario un accordo politico per un temporaneo *delisting* delle attività di banche e istituzioni finanziarie e amministrative coinvolte nella crisi. So bene che questa è una misura molto delicata per i mercati. Quindi deve essere decisa, e se necessario attuata, nella maniera più coordinata ed efficiente;

3) possiamo concordare con la nuova proposta [*omissis*] di costituire un *pool* di fondi per evitare maggiori crisi di liquidità. Così facendo tocchiamo un punto cruciale che deve essere in cima alle nostre preoccupazioni in questo momento. Non possiamo dare l'errata percezione alle nostre opinioni pubbliche che le nostre azioni sono principalmente dirette ad aiutare banchieri e manager delle istituzioni finanziarie. In altre parole, dobbiamo chiarire che la nostra volontà politica, con questa misura specifica, non è quella di far pagare i nostri cittadini per colpe di altri. Quello che vogliamo, e che faremo, è salvaguardare i risparmi della gente, certamente non gli interessi di banche e istituzioni che hanno quasi distrutto questo risparmio. È con questa stessa forte volontà politica che dobbiamo lavorare per realizzare concretamente l'idea, concordata a Nizza su proposta italiana, di un Fondo europeo (tramite la BEI) che potrebbe aiutare a rafforzare l'economia europea in settori strategici. Questo è ora diventato sempre più politicamente strategico;

4) la speculazione è una delle cause dell'attuale situazione. Dobbiamo urgentemente annunciare a livello politico che un quadro di misure semplici – anche attraverso le Istituzioni internazionali, e fra queste l'Unione Europea – verrà posto in essere per combatterla e contenerla. Ma il contenimento non è certo sufficiente per le nostre opinioni pubbliche. Sempre a livello politico dobbiamo chiarire che avvertiamo la forte necessità di un sistema di *enforcing*, e dobbiamo quindi immagi-

nare come iniziare a colpire tutti i passati e presenti, straordinari, ingiustificati guadagni degli speculatori. Dobbiamo urgentemente mettere in piedi un sistema semplice e innovativo a questo scopo.

Una volta realizzate queste importanti misure, avremo certamente bisogno di approvare un catalogo di nuove regole generali (transazioni finanziarie, commercio, trasparenza…). A questo scopo, sono assolutamente d'accordo che è importante cominciare a discuterne già a Washington in occasione della nostra riunione G7, ma propongo anche di riunirci – prima dell'inizio dei lavori nel pomeriggio di venerdì 10 – in formato G4 più Commissione per meglio preparare la discussione con i nostri partner.

Quello attuale è davvero un momento difficile. Se avremo successo, ci sarà spazio e ci sarà il forte bisogno di scrivere politicamente il nuovo scenario.

Tuo,

Giulio Tremonti

G7/G8 2009 – Ministri delle Finanze
Draft programme italiano, alcune proposte
(autunno 2008)

1) Dagli Stati Uniti all'America Latina, dall'Europa all'Asia, l'origine, l'ampiezza e l'intensità della crisi sono globali. Se la crisi è globale, la soluzione non può essere locale. La soluzione deve essere globale, o non sarà una soluzione.

2) L'attuale crisi è assai diversa dalle precedenti. In un mondo globalizzato, essa ha un impatto immediato su tutti i Paesi, tutti i mercati, tutte le società. Sebbene l'elemento scatenante della crisi sia stata l'instabilità nei mercati finanziari, la crisi sta influenzando l'economia reale, il livello di benessere delle persone, la stabilità sociale e politica (e geopolitica).

3) Nuovi problemi non possono essere affrontati con vecchie soluzioni. È inefficace, e perfino pericoloso, usare strumenti convenzionali in circostanze eccezionali.

4) Data l'ampiezza e la natura della crisi, come appena accennato, la soluzione non può essere tecnica: deve essere istituzionale.

5) L'attuale *status quo* del processo G8 è sempre meno sostenibile.

Se l'economia è globale, un'efficace struttura di *governance* deve essere anch'essa globale. L'attuale G8 rappresenta meno della metà dell'economia mondiale.

6) Il «nuovo G» deve fissare l'agenda di una nuova

Bretton Woods per affrontare questioni fondamentali come:

a) tassi di cambio valutari: i vecchi accordi per la bilancia dei pagamenti di Bretton Woods stanno oggi dimostrando i loro limiti, e la crisi attuale può offrire un'opportunità per la creazione di un diverso ordine;

b) flussi commerciali: il Doha Round ha raggiunto un punto di stallo, ma la crisi può offrire l'occasione per fissare chiari criteri commerciali;

c) regolamentazione finanziaria: quello che abbiamo oggi è un insieme sbagliato di regole. Sono regole tipiche di un capitalismo finanziarizzato e orientato al breve termine. Mettono a repentaglio tutti. È assolutamente essenziale elaborare al più presto un nuovo sistema di regole di standard contabili, che vietino alcuni tipi di contratto e strumenti, colpendo se necessario alcuni Paesi specifici;

d) energia e mutamenti climatici: si tratta di un problema urgente e globale. Richiede perciò un'azione globale. Le economie avanzate, emergenti e in via di sviluppo devono essere tutte coinvolte. Nell'affrontare i mutamenti climatici, dobbiamo tenere in considerazione l'efficienza, l'efficacia e l'equità;

e) sviluppo: abbiamo bisogno di nuovi meccanismi per agire molto più rapidamente e con efficacia nell'aiutare i più vulnerabili.

Nel fare ciò dobbiamo ampliare il nostro approccio, ascoltando il numero crescente di persone che chiedono opportunità e non accettano più un rapporto di dipendenza.

Continueremo, oltre a specifici progetti e programmi, a guardare a nuovi modi di perseguire lo sviluppo, anche con strumenti innovativi.

7) Tanto più il processo del «nuovo G» sarà complesso, quanto più vi è necessità di un'organizzazione permanente per sostenere le sue iniziative.

Il «vecchio» sistema di Bretton Woods, e in particolare il Fondo Monetario Internazionale e la Banca Mondiale, devono ricevere un nuovo mandato per offrire una piattaforma e contribuire all'attuazione di tale processo. Il Fondo Monetario è collocato in posizione ideale per lavorare sul coordinamento delle nuove regolamentazioni e della relativa sorveglianza.

Il Fondo Monetario e la Banca Mondiale possono anche contribuire a mobilitare risorse aggiuntive per affrontare ogni possibile evoluzione della crisi.

Entrambe le agenzie dispongono di un'expertise unica in settori cruciali dell'economia mondiale. Inoltre, la loro rappresentanza universale garantisce al Fondo Monetario e alla Banca Mondiale un'ampia legittimità a parlare a nome della comunità internazionale.

Il nostro impegno politico consiste nell'agire in modo più multilaterale per trasformare, se possibile, i problemi del nostro tempo in opportunità.

*Un nuovo Fondo europeo per favorire la crescita
e finanziare i programmi europei nel settore energetico
e delle infrastrutture (settembre 2008)*

È necessario un nuovo piano di azione per favorire la crescita nell'economia europea. Un piano che deve anche essere un forte messaggio politico da parte della UE.

Nuovi strumenti per finanziare gli investimenti nei programmi energetici e infrastrutturali europei possono contribuire a superare parzialmente l'attuale crisi economica e finanziaria.

Per raggiungere questi obiettivi l'Europa ha bisogno di una nuova visione di lungo termine. Il paradigma della politica economica sta cambiando. Lo *short-termism* del capitalismo finanziario è in parte responsabile della crisi attuale. Dobbiamo tornare alla visione di lungo termine del capitalismo europeo continentale. In tal modo l'Unione Europea può tornare al centro della scena, con un forte messaggio politico, sostenendo investimenti con orizzonti lunghi.

La crisi economica e finanziaria e il rischio di una globalizzazione non governata stanno mettendo sotto forte pressione la comunità europea. Ci sono timori diffusi per una rottura della pace sociale e una perdita di benessere economico, posti di lavoro e accesso alla casa, nel presente ma ancor più per le future generazioni. L'Europa politica deve dare nuove speranze ai suoi cittadini. Un messaggio politico, una grande iniziativa per la crescita, una risposta europea «sovrana» alla paura di un ordine mondiale che sta mutando, è la necessità principale.

Ma come?

Introducendo nuovi strumenti finanziari che non rappresentino un peso per le finanze pubbliche nazionali e per le generazioni future. Riunendo gli investitori europei istituzionali con un orizzonte di lungo termine per sostenere ampie iniziative pubbliche-private [*omissis*].

Il momento di fare più largo uso degli investitori istituzionali di lungo termine e delle loro expertise a sostegno delle autorità pubbliche.

Gli investitori istituzionali globali, come i fondi pensione e le compagnie assicurative, sono alla ricerca di investimenti a lungo termine e a basso rischio. Grandi progetti infrastrutturali europei con un flusso di cassa stabile e forti impegni istituzionali hanno queste caratteristiche. Un Fondo europeo per l'energia e le infrastrutture finanziato da istituzioni europee come EIB, CDC, CDP, KFW, e altri attori del genere, è in grado di attrarre altri fondi nell'arena finanziaria globale. Le dimensioni contano, e le grandi dimensioni necessitano di flussi di investimenti molto abbondanti.

La proposta di un Fondo europeo

La proposta:

1) aprire la base di proprietà dello European Investment Fund (EIF) agli investitori istituzionali a lungo

termine come Caisse des Dépôts, Cassa Depositi e Pre- stiti, KFW, e altre istituzioni europee analoghe;

2) estendere la missione dell'EIF ad altri settori come l'energia e le infrastrutture;

3) autorizzare un forte aumento di capitale per sostenere queste attività.

L'EIF è un'istituzione *profit oriented*. In questo differisce dalla EIB, che è un'istituzione *policy driven*. L'idea potrebbe essere di far acquistare le quote detenute dalle istituzioni finanziarie private (per un valore di circa 300 milioni di euro) da CDC, CDP, KFW, e altre istituzioni simili, e ri-focalizzare il Fondo come istituzione *prudency driven*.

Questo potrebbe non bastare. La dimensione del Fondo, in base alla nuova missione – dare maggiore sostegno alle SMEs ed entrare in nuovi settori come l'energia e le infrastrutture –, dovrebbe aumentare in misura sostanziale. Ciò potrebbe realizzarsi con un forte aumento di capitale parzialmente finanziato dalle istituzioni nazionali con orizzonti di lungo termine.

L'ampliamento dei settori di intervento potrebbe includere, tra gli altri, quello dell'industria eco-energetica, così come definito dal Competitiveness and Innovation Framework Programme (CIP) e che è già parte della missione dell'EIF, nonché l'energia nucleare (EU-RATOM).

Un gruppo di lavoro potrebbe essere creato questa settimana a Nizza in occasione dell'Ecofin informale, con il compito di produrre un rapporto da discutere all'Ecofin dei Ministri delle Finanze a Bruxelles in novembre. Una proposta potrebbe infine essere sottoposta per le decisioni dei leader europei al Consiglio europeo in dicembre.

Allegato n. 2

Prefazione all'edizione giapponese di
La paura e la speranza, *scritta dall'ex governatore
della Banca del Giappone, Toshihiko Fukui*

In passato, quando ero governatore della Banca del Giappone, ho avuto la possibilità di lavorare al suo fianco in occasione degli incontri del G7, e ancora oggi ho un ricordo vivido della serietà con cui partecipava alle discussioni.

La particolarità riconosciuta alle proposte avanzate dal ministro Tremonti sta nell'idea che per imboccare la strada di una gestione economica in linea con le esigenze che si presentano, occorra far leva non solo sulla forza del mercato, ma anche su quella della politica.

Giulio Tremonti, autore di questo libro, è estremamente apprezzato a livello mondiale per la profonda erudizione e competenza nelle mansioni da lui ricoperte. *La paura e la speranza* è ricco di ipotesi per il futuro che speriamo vivamente riescano un giorno a realizzarsi. È una figura di riferimento non solo per la finanza italiana, ma in senso più ampio anche per quella europea.

Come dimostrano altri suoi scritti prodotti *a latere* della sua attività politica (*Rischi fatali*, 2005; *Il fantasma della povertà*, 1995), il ministro Tremonti è una persona che crede fortemente in una sorta di nuovo ordine a livello mondiale.

Allegato n. 3

Dalle prime pagine di La paura e la speranza

Cosa è successo?[24] È successo che in un soffio di tempo, in poco più di dieci anni, sono cambiate la struttura e la velocità del mondo. Meccanismi che normalmente avrebbero occupato una storia di lunga durata, fatta da decenni e decenni, sono stati prima concentrati e poi fatti esplodere di colpo. Come si è già visto in tante altre rivoluzioni, quella della globalizzazione è stata preparata da illuminati, messa in atto da fanatici, da predicatori partiti con fede teologica alla ricerca del paradiso terrestre.

Il corso della storia non poteva certo essere fermato, ma qualcuno e qualcosa – vedremo chi e che cosa – ne ha follemente voluto e causato l'accelerazione aprendo come nel mito il «vaso di Pandora», liberando e scatenando forze che ora sono difficili da controllare [...]. Procedendo per inevitabili linee di rottura, la globalizzazione ci sta presentando [...] il conto della crisi finanziaria; il conto delle tensioni geopolitiche che,

[24] Quanto segue, pubblicato nel 2008, è stato scritto nel 2007.

pronte a scatenarsi, si stanno accumulando nel mondo […]. Quando la storia compie una delle sue grandi svolte, quasi sempre ci troviamo davanti l'imprevedibile, l'irrazionale, l'oscuro, il violento e non sempre il bene. Già altre volte il mondo è stato governato anche dai dèmoni.

In Europa, per la massa della popolazione – non per i pochi che stanno al vertice, ma per i tanti che stanno alla base della piramide – il paradiso terrestre, l'incremento di benessere portato dalla globalizzazione è comunque durato poco, soltanto un pugno di anni. Quello che doveva essere un paradiso salariale, sociale, ambientale si sta infatti trasformando nel suo opposto. Va a stare ancora peggio chi stava già peggio. Sta meglio solo chi stava già meglio […]. E non è solo questione di soldi. Perché la garantita sicurezza nel benessere che sarebbe stato portato dalla globalizzazione si sta trasformando in insicurezza personale, sociale, generale, ambientale […]. Il secondo conto che ci presenta la globalizzazione, dopo lo shock sui prezzi e sul carovita, è appunto quello della «crisi finanziaria». Un conto che, per la verità, la globalizzazione ha presentato per prima a se stessa.

Sotto la pressione della crisi che arriva stanno infatti e per primi dichiarando fallimento proprio gli alchimisti che, appena ieri (solo alla fine del Novecento), hanno inventato il mercatismo, l'utopia-madre della globalizzazione, il suo strapotente motore ideologico […]. Le scosse già registrate sono sufficienti per far tramontare l'idea fiabesca che il progresso economico possa essere continuo e gratuito, e con ciò segnano il nostro improvviso ritorno dal futurismo finanziario alla durezza della realtà materiale; impongono il passaggio dall'irresponsabilità alla responsabilità; portano con sé la fine dell'illusione che grazie al nuovo capitalismo il profitto possa essere estratto con istantanea rapacità da titoli di debito di cui non si conoscono origine e fondamento o da titoli di proprietà che non esistono in concreto, come nella realtà virtuale di un videogame; mettono infine in crisi il meccanismo di sviluppo della globalizzazione. Globalizzazione e finanza sono state infatti le due facce di una stessa medaglia. Globalizzazione e finanza hanno fatto coppia fin dal principio, hanno subito cominciato a vivere in simbiosi [...]. La globalizzazione, con l'apertura su vasti spazi dei mercati e con la caduta dei vecchi confini e dei vecchi controlli, ha forgiato la sua nuova finanza. La nuova finanza, consentendo la divisione del mondo tra Asia produttrice di merci a basso costo e America consumatrice a debito, ha spinto a sua volta e «dopato» la globalizzazione, superando di gran lunga, con i suoi grandi numeri fantastici, i numeri più piccoli e concreti dell'economia reale. Da circa dieci anni a questa parte, con un'accelerazione marcata negli ultimi cinque anni, dentro l'industria bancaria, e dunque nel cuore del nuovo capitalismo mercatista, si è in specie manifestata una fortissima doppia mutazione, tanto dimensionale quanto funzionale. Mutazione dimensionale: le grandi banche internazionali, passando attraverso un intensissimo processo di concentrazione globale, hanno alla fine preso la forma dominatrice della «megabanca». Mutazione funzionale: le «megabanche» hanno applicato in forma radicale e su scala globale la forma nuova della tecnofinanza, l'OTD (*Originate-to-Distribute Model*). L'OTD non è solo una nuova tecnica operativa che permette la «distribuzione» del rischio sul credito, con il trasferimento del rischio stesso dalla banca originaria creditrice a terzi. È qualcosa di più, un qualcosa capace di originare a sua volta un tipo nuovo di banca: la banca che è insieme «universale» e «irresponsabile». È così che universalità e irresponsabilità sono diventati i caratteri terminali propri della «megabanca», un tipo di industria assolutamente nuovo. Per secoli le banche hanno infatti preso denaro sulla fiducia e prestato denaro a rischio, l'arte del banchiere essendo in specie nella capacità di valutare il merito del «rischio proprio», così assunto e poi gestito. In un crescendo che parte più o meno dal principio di questo secolo, il secolo della globalizzazione, la struttura aperta dei mercati finanziari, la caduta dei controlli e le nuove tecniche della finanza hanno invece tutte insieme consentito l'uscita da questo schema fisso: la rottura del vecchio equilibrio tra rischio e responsabilità; l'apertura di una fortissima asimmetria, tra «origine del rischio» e «responsabilità per il rischio». È così che le nuove «megabanche» globali si sono liberate dal proprio originario rischio sui loro prestiti, trasferendolo a terzi. Lo hanno fatto impacchettando i propri crediti in «prodotti finanziari» a volte denominati *bond* a volte denominati in altro modo, tutti comunque destinati a essere collocati sul mercato presso acquirenti attratti dagli alti rendimenti, confusi dalla complessità degli strumenti, quasi sempre inconsapevoli del rischio «spazzatura» che potevano così assumere.

Tutto si è sviluppato dentro la meccanica perversa del «meno rischi più guadagni», perché, con le nuove tecnologie finanziarie, gli operatori più trasferivano a terzi i loro rischi, più facevano profitti. I cosiddetti *subprime*, i prestiti a rischio concessi negli USA e poi impacchettati e fatti circolare per il mondo con i rischi connessi, sono stati in realtà solo il primo anello di una lunghissima catena di fuga dal rischio e di corsa ai profitti. Una fuga e una corsa fatte con tanti altri strumenti: *Credit Default Swaps, vehicle, conduit, asset-backed commercial papers, collateralized debt obligations, derivatives, monolines, hedge funds* eccetera. Strumenti diversi tra loro, ma sempre con un «comune denominatore»: l'essere operati e operabili fuori da ogni controllo. Gli *hedge funds* – per esempio – nient'altro sono, infatti, se non banche irregolari. L'opposto delle vecchie banche. Le banche sono difatti sottoposte a una giurisdizione statale, a regole, a standard, a limiti e criteri prudenziali di azione. Non è così per gli *hedge funds*. La loro regola è in realtà una sola: la regola di non avere regola. È in specie proprio così che gli *hedge funds* sono diventati l'opposto di quanto indica il loro stesso nome (*hedge* = copertura antirischio). La combinazione di tutte le forme nuove della tecnofinanza ha in particolare immesso sul mercato enormi quantità di liquidità e questa, a sua volta, è stata moltiplicata con la leva del debito. È così che i valori delle operazioni sono cresciuti artificialmente. Valori in sostanza inventati, finanziati a debito, con rischio non proprio ma di terzi. Con una particolarità. In Asia lo strumento del debito è stato utilizzato in modo tradizionale, per finanziare la «costruzione» di industrie «nuove», mentre in Occidente, in un crescendo che è divenuto spettacolare negli ultimi anni, lo stesso strumento è stato invece utilizzato per finanziare a debito i consumi o per «speculare» sul valore di industrie «già esistenti» e non per creare ricchezza nuova.

È così che le «megabanche», divenute insieme universali e irresponsabili, replicando e moltiplicando artificialmente i valori, potenzialmente fino all'ennesimo grado, beneficiando di più o meno solide coperture assicurative e certificazioni contabili, del voto positivo delle agenzie di *rating*, hanno finito per avere nei propri bilanci attivi per *centinaia* di miliardi di dollari o di euro, su cui hanno emesso derivati per *migliaia* di miliardi di dollari o di euro. Qualcosa di assolutamente nuovo e tuttavia di tremendamente simile ai vecchi assegni scoperti. Qualcosa di cui non soffrono solo i conti economici, ma anche e soprattutto i conti patrimoniali, così da porre in forse non solo quanto guadagna una «megabanca» in un anno, ma la consistenza patrimoniale stessa della «megabanca». Qualcosa di potenzialmente simile a una *Global Parmalat*.

È così che il contromodello è diventato il modello, l'eccezione la regola, la negatività lo standard. Solo adesso si denuncia nelle sedi e nelle forme più autorevoli l'altissimo «livello di complessità» tipico dei nuovi strumenti. Ma proprio questa stessa complessità doveva e poteva essere la prova prima e più chiara della sostanziale inutilità e pericolosità di strumenti configurati come indecifrabili geroglifici finanziari!

È per tutto questo che, alla fine, la cattiva prassi di alcuni è diventata la paura di tutti. È così che, nella meccanica della crisi in atto, i banchieri non si fidano più dei banchieri (G. Tremonti, *I banchieri non si fidano più dei banchieri*, «Corriere della Sera», 21 settembre 2007). È così che si è rarefatto, fino quasi a scomparire, il vitale circuito «interbancario». Un circuito che funziona, dentro il capitalismo, come funziona dentro un corpo il sistema circolatorio. Tanto che le autorità e le banche centrali devono ora sostituirlo con una serie impressionante di interventi pubblici, mai così estesi per dimensione e durata, fino ad annunziare pubblicamente l'intenzione a operare in questo modo interventi sostitutivi «fin quando basta». Appunto: fino a quando? È stato scritto – davvero piuttosto riduttivamente – che quella in atto non è una crisi di «liquidità», ma *solo* una crisi di «fiducia». In realtà, dire che nel mercato finanziario c'è liquidità ma non c'è fiducia è un po' come dire che c'è sì una Chiesa, ma in temporaneo difetto di fede! L'idea di superare la crisi con un'«operazione verità» basata sulla scrittura di nuove e più chiare regole contabili (G. Tremonti, *I banchieri non si fidano più dei banchieri*, cit.) non è stata naturalmente neppure presa in considerazione. La storia tende del resto a ripetersi. A ridosso della crisi del 1929, rispetto all'idea di introdurre nel sistema «istituzioni, norme di comportamento il cui orizzonte funzionale e temporale oltrepassa i singoli interessi individuali», si preferì dare ancora fiducia «a chi ha fabbricato e venduto carta a mezzo mondo [...] usando commutatori cartacei dello stesso tipo di quelli che hanno causato la crisi stessa» (così, sulla crisi del 1929, Luigi Einaudi, *Il mio piano non è quello di Keynes*, 1933). È così che la perdurante opacità in essere nel mercato finanziario ha generato la sfiducia, ed è ormai proprio la sfiducia ad alimentare la crisi che si presenta ai nostri occhi come crisi della globalizzazione. Come si è premesso, la nuova tecnofinanza non è stata di fatto solo un mezzo per realizzare in forma aggiornata le classiche speculazioni finanziarie. È stato qualcosa di assolutamente nuovo. Qualcosa che non si era mai visto nella storia in questa dimensione. Creando effetti ricchezza e domande artificiali, la nuova tecnofinanza ha infatti e fondamentalmente concorso a finanziare il «miracolo» quasi istantaneo della globalizzazione. Non è affatto detto che quanto è successo a partire dall'«agosto 2007» sia già *tutto* il peggio che poteva o che potrebbe succedere. Non è imprudente attendere avvenimenti più estremi. Altri shock. Anche perché, come in una cascata di fenomeni, come in una catena che lega insieme cause ed effetti, che a loro volta diventano cause di altri effetti, la crisi finanziaria può incrociare altri vettori di forza. Può incrociare gli squilibri politici causati dal nuovo imperialismo o dal caos politico, alternativamente propri dei Paesi che esportano energia o che ne sono aree di coltivazione mineraria. Ma, in ogni caso, quello che è *già* successo basta da solo e avanza per spingerci verso orizzonti mentali diversi da quelli fin qui dominanti, verso una visione diversa della vita, meno materiale e più spirituale, meno chiusa nel privato e nel *laissez faire*, più comunitaria, più responsabile, in una parola più politica. È l'annunciato «ritorno del pubblico». L'economia è importante, ma la realtà nella sua pienezza e la vita nella sua complessità sono una cosa diversa.

Allegato n. 4

I venti anni che hanno cambiato la struttura e la velocità del mondo

Flashback. Tutto ha inizio in Europa, con la caduta del muro di Berlino.

E tutto dura *venti* anni. Quanti sono gli anni che vanno dal 1989 al 2009.

Certo, quella che stiamo vivendo è una storia che era «in divenire», una storia iniziata già ai principi del Novecento, tanto in America, quanto in Africa e in Asia.

Ma è solo a partire dal 1989 che il tempo è stato prima compresso e poi improvvisamente è esploso. E mai nella storia dell'umanità un cambiamento così intenso è stato contenuto in un tempo così breve.

Certo, alla metà del passato millennio, la scoperta *geografica* dell'America ha rotto il vecchio ordine chiuso dell'Europa, ha eroso la base del sistema feudale, ha fatto nascere nuove religioni e nuove tecniche. Ma è comunque stato un fenomeno che poi ha occupato lo spazio lungo di almeno due secoli.

Diversamente, la scoperta *economica* dell'Asia non ha occupato il tempo tipico della *longue durée*, il ritmo lento del passaggio da un'umana generazione all'altra.

All'opposto, ha occupato un segmento minimo di tempo, un tempo compreso nella vita di ciascun uomo contemporaneo, quanti sono appunto venti anni. E quali anni?

9 novembre 1989: la caduta del muro di Berlino, la fine con il comunismo di una divisione artificiale del mondo durata mezzo secolo. 15 aprile 1994: la stipula a Marrakech in Marocco del Trattato World Trade Organization (WTO). Il disegno di una nuova, piana, mercantile e senza più confini geopolitica mondiale. 11 dicembre 2001: la Cina diventa membro del WTO. Estate 2007: inizia la prima crisi finanziaria globale. Oggi, mentre si scrive, siamo alla fine del 2011.

Il processo che si è sviluppato in questi anni si è in specie basato su di un mix composto da cinque fattori fondamentali:

a) un fattore *geopolitico*: caduto il muro di Berlino, la traslazione, dall'Atlantico al Pacifico, dell'asse del potere politico americano;

b) un fattore *tecnico*: la diffusione e l'applicazione dell'informatica;

c) un fattore *economico*: la «divisione prima» del mondo, tra Asia, produttrice di merci a basso costo, e America, compratrice a debito;

d) un fattore *finanziario*: la nuova tecnofinanza che, usando la magia fluida del nuovo denaro, il denaro bancario e virtuale, ha consentito il «miracolo» istantaneo della globalizzazione;

e) un fattore *ideologico*, sintesi di tutti gli altri: il

«mercatismo». L'ultima ideologia totalitaria del Novecento. La divinizzazione politica del mercato.

In Europa, per secoli, la politica è stata nazionalmente dominata dalla triade *Liberté, Égalité, Fraternité*. La globalizzazione ci ha invece illuso che quella vecchia triade potesse essere superata da una nuova triade: *Globalité, Marché, Monnaie*, iscritta sul frontone del nuovo tempio del dio mercato.

È proprio in questi termini che si vede il legame causa-effetto che si è sviluppato tra la globalizzazione (la causa) e la crisi (l'effetto). La globalizzazione non poteva certo essere fermata ed è stata – è – oltre ogni dubbio fondamentalmente positiva. Ma, in prospettiva storica, tempi e metodi della globalizzazione potevano forse essere un po' più saggi, un po' più lunghi. Forse così avremmo potuto evitare la crisi. Forse, ma quella che abbiamo davanti, e che viviamo, è la realtà. È la struttura materiale della nostra esistenza.

E possiamo solo prenderne atto, notando filosoficamente che è comunque proprio con la globalizzazione che si è avverata la profezia di Marx: «All'antica indipendenza nazionale si sovrapporrà una interdipendenza globale».

Appena pochi anni fa, non un secolo fa, la tendenza più diffusa era molto diversa. Ed era una tendenza a non vedere la crisi, trattandola come un ciclo; a minimizzarla, considerandola solo una «turbolenza dei mercati finanziari» (*sic!*); a esorcizzarla, vedendo all'orizzonte l'arrivo del cosiddetto *decoupling* (le vecchie economie si fermano, ma le nuove accelerano, in sostituzione).

La crisi è invece generale e globale. Generale per impatto, perché non è limitata alla finanza (il primo stadio), ma estesa all'economia reale (il secondo stadio) e di qui ulteriormente estesa o in potenziale possibile estensione alle strutture sociali e politiche, qui capace di modificare non in positivo gli stili di vita, di influire sui corsi elettorali, di causare violenti, nuovi disordini sociali (il terzo stadio).

È poi globale per estensione, perché potenzialmente estesa dagli USA all'Asia, dall'Europa alla Russia, all'America Latina.

E tuttavia non basta tutto questo, per completare l'analisi. Il legame tra crisi e globalizzazione è infatti un legame *doppio*: non solo la crisi è globale, ma come già notato ha essa stessa la sua origine proprio nella globalizzazione. Il rapporto tra crisi e globalizzazione non può in specie essere ridotto in una pura giustapposizione basata sulla classica fallacia logica del *post hoc, ergo propter hoc*.

È piuttosto, quello tra crisi e globalizzazione, un legame non *casuale* ma *causale*. Un legame razionalmente meccanico, un legame di tipo causa-effetto. Perché la globalizzazione non è stata e non è un fenomeno puramente *naturale*, ma un fenomeno con *causa politica*. Un fenomeno ad altissima intensità politica.

Ed è per questo, per il suo disegno e per la sua dinamica politica, che è proprio nella globalizzazione che va cercata la causa della crisi: la crisi è globale perché ha cause esse stesse globali.

La globalizzazione è stata, è e sarà certamente una grandissima opportunità positiva per l'umanità. Ma è stata anche e – si ripete – è origine di grandissimi squilibri e di grandissime criticità. Non la globalizzazione in sé, ma per come è stata politicamente operata: troppo in fretta, si ripete, e troppo a debito.

Troppo in fretta. Nella storia l'apertura dei grandi spazi, l'eliminazione delle distanze fisiche, costituisce una ricorrente causa di rottura di sistema.

Secoli fa è stato il caso della scoperta geografica dell'America. Pochi anni fa è stato – è – il caso della scoperta economica dell'Asia.

Con una differenza: il primo è stato un fatto *naturale*, appunto una scoperta geografica. Il secondo è stato invece un fatto *politico*. Il primo è stato un *processo* che nel suo sviluppo storico è durato almeno una coppia di secoli. Il secondo è stato invece un *fenomeno istantaneo*.

I processi di vasta portata occupano normalmente il ciclo delle *longues durées*, il ciclo tipico delle *Annales*. E prendono dunque il tempo del passaggio da una generazione all'altra. Non un segmento di tempo minimo, concentrato e interno al tempo proprio di una vita umana.

Dal 1989 a oggi, al 2009: dieci anni di preparazione prima, dieci anni di esplosione poi. In senso storico, è evidentemente un tempo minimo.

Non solo. Non solo la globalizzazione è stata operata troppo in fretta, perché altri più lunghi e più equilibrati tempi politici potevano essere applicati. Tempi tali da ridurre l'impatto degli enormi squilibri economici e sociali, culturali e politici, che sono tipici di un fenomeno così intenso. Il vaso di Pandora poteva e doveva essere aperto, ma in modo più prudente.

In più la globalizzazione è stata anche operata troppo *a debito*, perché basata su di una «divisione prima» del mondo, con l'Asia produttrice di merci a basso costo e con l'America compratrice a debito. A doppio debito. Debito *interno*, perché fatto in America con una speciale politica monetaria di creazione di valori artificiali. A partire dai valori immobiliari. Una politica basata sui cosiddetti *subprime*. E poi in aggiunta anche debito *esterno*, perché contratto dall'America stessa con l'Asia, prima venditrice delle sue merci e poi simmetricamente compratrice di titoli pubblici americani.

È per questo che la crisi ha avuto il suo motore primo nel campo della finanza e qui specificamente nella logica del debito.

È stato in questi termini che ha avuto inizio la degenerazione del capitalismo come era venuto formandosi nei decenni precedenti e di riflesso e per questa via ha avuto inizio la configurazione delle nostre società in un tipo nuovo di società: la *debt society*, la *leveraged society*, la *società del debito*.

La funzione insieme euforica e parossistica del debito ha in specie spinto verso l'uso di questo strumento non solo per acquisire quantità crescenti e superflue di beni di consumo privato. Lo strumento del debito è stato utilizzato non solo per costruire beni industriali nuovi, ma anche per acquisire la proprietà di beni industriali già esistenti (debito nuovo per impianti vecchi), infine per inventare una *ricchezza di carta*.

La degenerazione del capitalismo si è conseguentemente manifestata in quattro principali patologie.

Prima patologia. Per secoli i banchieri hanno raccolto denaro sulla fiducia e prestato denaro a proprio rischio, valutando propriamente il rischio che così si assumevano. La nuova tecnica della finanza ha invece consentito a chi raccoglie il denaro di liberarsi dal rischio e di farlo con una tecnica per cui più vendi a terzi il rischio, incorporandolo in nuovi «prodotti finanziari», meno rischi e più guadagni. È così che il rischio ha cominciato a circolare. Esiste ampia letteratura secondo cui questi «derivati» avrebbero dovuto avere una funzione positiva, di riduzione progressiva, di ammortamento, di azzeramento del rischio. Più o meno tutti ne avrebbero così beneficiato, persino i contadini indiani. Insomma, secondo questa letteratura, i «derivati» avrebbero costituito una nuova e positiva scoperta sociale. Come se la grande scoperta sociale dell'Ottocento, l'imposta «progressiva», fosse stata seguita da una nuova scoperta, equivalente nella sua funzione pure socialmente positiva: la finanza «derivativa».

Questo ha fatto degenerare i modelli di comportamento. C'è un antico detto secondo cui i banchieri ti prestano il denaro come fosse un ombrello. Ma te lo prestano quando c'è il bel tempo e te lo ritirano quando invece viene la pioggia. Qui è avvenuto l'opposto: più debito e ancora più debito. È così che si è diffusa l'arte di vivere indebitati, grazie al buon cuore delle banche e nella progressione di un paradigma che, basato sull'azzardo matematizzato dei derivati, ha creato e sta creando effetti progressivi di crisi.

Seconda patologia. La possibilità di sviluppare attività economiche e finanziarie (il nuovo capitalismo emergente e performante) fuori dalle giurisdizioni ordinarie. È stato detto che questo tipo di evoluzione degenerativa del capitalismo è dovuto alla cosiddetta *deregulation*. Come vedremo più avanti, non è solo per questo.

L'essenza del problema non sta infatti solo nella *deregulation*, che pure, si ripete, ha avuto un ruolo fondamentale, quanto anche nella possibilità di sviluppare attività fuori da ogni tipo di giurisdizione. La struttura geopolitica che si è aperta nel mondo ha in specie consentito di fare shopping di legislazione, di sviluppare attività non solo in aree caratterizzate da una giurisdizione ordinaria vera – vera perché congiuntamente formale e sostanziale – ma anche in aree che *formalmente* erano organizzate come giurisdizioni, ma *sostanzialmente* erano (sono) aree nelle quali l'unica regola è quella di non avere regole. Ed è così che una quota importante del capitalismo è entrata, più che nello schema della *deregulation*, nel regno dell'*anomia*. È questo appunto l'habitat d'elezione della cosiddetta *shadow finance*.

Terza patologia. Il capitalismo è essenzialmente basato sullo schema tipico, sull'idealtipo della *società di capitali*. Il capitalismo ha generato la società per azioni e viceversa. Come nella storia dell'uovo e della gallina. Ed è in specie proprio sullo schema della società di capitali che si è sviluppato quel sistema di equilibri di cui il capitalismo ha vitale bisogno. Il sistema dei controlli giurisdizionali, amministrativi, mediatici, giudiziari è stato ed è a sua volta basato proprio sullo schema della società per azioni. Questo è stato fino a pochi anni fa. Poi la parte affluente e più dinamica e performante del capitalismo è uscita dallo schema della società per azioni e ha utilizzato altri strumenti. Gli *hedge funds*, gli *equity funds*. Questi sono strumenti che rappresentano un'evoluzione assolutamente esterna e alternativa rispetto allo schema legale di base proprio del capitalismo, che è appunto quello della società per azioni.

Quarta patologia. Il capitalismo, e dentro il capitalismo lo strumento principe della società per azioni, si basano (tra l'altro) sul fondamentale criterio tecnico della partita doppia. Il criterio della partita doppia si organizza fondamentalmente e basicamente sulla distinzione tra *conto patrimoniale* e *conto economico*. Non esiste l'uno senza l'altro. Diversamente, l'ultimo capitalismo si è liberato dal vincolo della partita doppia. Si è spostato solo sul conto economico, abbandonando la base del conto patrimoniale. Questo non è stato solo un passaggio *contabile*, è stato soprattutto un passaggio *politico* e *morale*. Il conto patrimoniale è infatti il mondo dei *valori*. Il conto economico è invece il mondo dei *prezzi*. Il conto patrimoniale è un mondo in cui vedi la struttura, la storia, l'origine, il presente e il futuro di una società, e anche la sua missione industriale e morale. Il conto economico è invece un'altra cosa. Se tutto il capitalismo vira sul conto economico e cessa di essere orientato nella logica della lunga durata, come è invece tipico e proprio del conto patrimoniale, se diventa corto e breve, perché così è la logica del conto economico, se non conta più la durata della società, ma l'anno sociale, questo a sua volta diviso in semestri, in trimestri, in *fixing* giornalieri, allora è chiaro che quasi tutto cambia. È così che il capitalismo ha preso la forma istantanea del conto economico. È così che è venuto via via configurandosi un capitalismo di tipo nuovo, di tipo *take away*. Estrai ricchezza dal conto patrimoniale, saccheggi i valori che ci sono dentro e li porti fuori. È nell'insieme, sommandosi tra di loro queste *quattro patologie*, che è rivoluzionariamente avvenuta la mutazione «finanziaria» del capitalismo.

Allegato n. 5

Il Financial Stability Board

Il Financial Stability Forum (FSF) è stato istituito nel 1999, su impulso del G7.

Il FSF riuniva allora le autorità nazionali dei maggiori centri finanziari e gli enti internazionali responsabili dell'elaborazione di standard, come l'International Organization of Securities Commissions (IOSCO), il Basel Committee on Banking Supervision (BCBS), l'International Association of Insurance Supervisors (IAIS), l'International Accounting Standards Board (IASB).

All'inizio, il FSF ha operato come foro di coordinamento e scambio di informazioni, una sorta di *debating club* sugli assetti ideali della finanza. Un foro che si compiaceva del mondo finanziario, elaborando il *Compendio degli standard*, una raccolta di princìpi astratti per il buon funzionamento dei mercati.

L'esplosione della crisi ha tuttavia brutalmente dimostrato che *quella* finanza non era la migliore finanza possibile, soprattutto per l'assenza di *regole*.

È in questo contesto che si cerca dunque di fare un salto di qualità, di introdurre una grande ventata di cambiamenti e rimaneggiamenti organizzativi e istituzionali. Ecco allora che il G20, nei vertici prima del novembre 2008 e poi dell'aprile 2009, decide di modificare il FSF per rappresentatività geografica e ambito di azione e di ribattezzarlo Financial Stability Board (FSB) per marcarne la *strategica novità*.

La *membership* del ribattezzato Financial Stability Board è allargata a tutti i Paesi G20, Spagna e Commissione europea. Il suo mandato è rafforzato con l'esplicita assegnazione di responsabilità in varie materie finanziarie. Si tratta dei seguenti ambiti: regolazione e controllo su tutte le istituzioni finanziarie importanti dal punto di vista sistemico; revisione dei sistemi di regolazione, inclusa la considerazione dei rischi macroprudenziali; lotta alle giurisdizioni non cooperative in materia di scambio di informazione; potenziamento dell'adeguatezza di capitale del sistema bancario internazionale; sottoposizione delle agenzie di *rating* a regolamentazione; elaborazione di princìpi in materia di remunerazione dei manager delle istituzioni finanziarie.

Questa strategia, a ben vedere, era già evidente nelle decisioni del primo Summit G20, tenutosi a Washington nel novembre del 2008. Il FSB viene promosso sul campo, con effetto immediato, da circolo di amena conversazione a salvifico promotore della *palingenesi* della finanza. Nell'allegato al Comunicato, questa missione catartica viene puntigliosamente declinata in 38 compiti specifici (sui 42 indicati nel documento di partenza), poi sviluppati – come si è ricordato sopra –

per un totale pari finora a 16.000 pagine, con un testo lungo 80 chilometri lineari.

Invece di agire incisivamente sull'assunzione eccessiva di rischio e su tutti gli altri abusi e negligenze della finanza, l'attenzione di FSB e Comitato di Basilea si concentra infatti sull'adeguatezza del capitale delle principali istituzioni finanziarie, le cosiddette SIFIs (Systemically Important Financial Institutions).

In condizioni normali, è tanto vero quanto banale che un adeguato ammontare di capitale posto a far fronte a perdite fisiologiche è necessario per la solidità di una banca.

La crisi, però, non è fisiologica. È grave patologia del sistema. Troppo rischio, troppa liquidità, troppa leva finanziaria con strumenti sempre più complessi e pericolosi. Invece di pensare ad affrontare queste cause, si pensa ai requisiti patrimoniali, partendo dall'assunto che, con più capitale, il settore finanziario, indipendentemente da come si comporta, sia più solido, con meno perdite per se stesso e meno costi per il contribuente.

Così non è. Lo dicono i fatti. Maggiore capitale si è finora tradotto in perdite maggiori, non minori.

Il capitale di rischio è in realtà una categoria nozionale. Quello che conta è come e quanto produttivamente si impiegano i finanziamenti disponibili, ovvero la qualità degli attivi e l'assunzione di rischi nei limiti della ragionevolezza. Per assicurare che ciò avvenga rilevano soprattutto l'azione di vigilanza e la regolamentazione.

Inasprire eccessivamente i vincoli di capitale può essere non solo *inutile*, ma anche *dannoso*, in un momento di crisi, perché spinge le banche non tanto a reperire nuovi mezzi propri, quanto piuttosto a ridurre il credito, in particolare il credito alle piccole e medie imprese, e a smobilizzare i titoli di Stato che hanno i prezzi più volatili, indipendentemente dalle cause di variabilità. È così che si alimenta un circolo vizioso. Un circolo che non riesce a evitare neppure il lungo periodo transitorio previsto per l'entrata in vigore di Basilea III. Gli operatori *anticipano* infatti i nuovi vincoli e già da ora tendono a contrarre un portafoglio crediti che la cattiva congiuntura rende più rischioso. Poco o nulla colpiti sono invece gli operatori che considerano la finanza alla stregua di un casinò (di cui però sono gestori, non utenti!), sia perché non regolamentati, sia perché i requisiti di capitale e di liquidità di Basilea III e del FSB non regolano, nei fatti, né *hedge funds* né banche d'affari. Anzi, proprio a causa del loro delimitato campo di applicazione, le nuove regole *spingono* verso queste aree lasciate non vigilate.

Fallace è anche la logica che sottende all'imposizione di maggiori requisiti di capitale per le istituzioni sistemiche (SIFIs), quelle che sono così grandi e ramificate che è impossibile pensare di far fallire, TBTF (*too big to fail*). Vincoli patrimoniali più stringenti – questa è l'idea – rendono più solide le grandi istituzioni e quindi più tranquilli i sonni dei contribuenti.

In realtà, è così che si creano nuovi incentivi perversi. Finiti gli strepiti di facciata per l'ingiusta discriminazione a loro danno, le SIFIs ottemperano infatti alla norma e trovano la piena giustificazione per continuare legittimamente nelle pratiche di assunzione sregolata di rischi. Avendo pagato per la «licenza di uccidere», hanno ancora meno remore nei comportamenti e, da istituzioni sistemiche, continuano ad avere le spalle coperte dal contribuente come azionista di ultima istanza. Se Basilea III è il peccato capitale, gli altri non sono veniali. Il FSB, in parallelo, procede infatti con gli altri filoni di lavoro. Svariati e innumerevoli, ma accomunati da un approccio comune: irrilevanza e inconcludenza.

Nessuna riforma concreta viene definita sul fronte della regolamentazione e vigilanza dello *shadow banking*, la finanza ombra. Eppure si tratta di una questione fondamentale. Una delle cause più importanti della crisi è infatti l'operare indisturbato di una galassia oscura di intermediari atipici, di dimensione pari al *doppio* del settore bancario negli Stati Uniti e pari a circa la *metà* di quello attiva nel mondo. La disintermediazione e l'arbitraggio regolamentare rendono ancora più esplosiva l'assunzione di rischio.

Davvero scarsi sono poi i progressi sulla riforma dei derivati, per di più circoscritti alla standardizzazione dei derivati *over-the-counter* (OTC); la lotta alle giurisdizioni non cooperative, la definizione di linee guida per i mercati dei derivati sulle materie prime (*commodities*) e la regolamentazione dello *shadow banking* non sono ancora approdate a risultati concreti.

Un'altra tecnica per ridurre l'effettiva capacità di incidere sul comportamento di mercati e operatori finanziari è la grande libertà con cui può avvenire la necessaria trasposizione degli accordi nella regolamentazione domestica. L'enorme flessibilità con cui standard e princìpi vengono recepiti (ad esempio, quelli sulla remunerazione dei manager finanziari) pregiudica infatti l'efficacia delle riforme e pone seri problemi di arbitraggio regolamentare.

Questi ritardi rivelano il perdurare delle cause di fondo della crisi. La capacità di pressione dell'industria finanziaria continua immutata, sia nell'area anglosassone, sia negli enti responsabili della definizione degli standard (cosiddetti Standard Setting Bodies). Questi ultimi sono catturati dall'industria finanziaria, e predominano nella *governance* del FSB. Molti dei negoziati, a cominciare da quelli su Basilea III, si svolgono all'interno di questi organismi. In seno al FSB le autorità politiche (i ministri delle Finanze) sono in netta minoranza rispetto alle autorità «tecniche» e non sono comunque presenti nel Comitato direttivo, il sottogruppo che *effettivamente* prende le decisioni fondamentali. Come il suo predecessore, il FSB ha infatti continuato a operare come un club di banchieri.

Questo dato non è modificato dal fatto che i Paesi emergenti hanno ottenuto, più nella forma che nella sostanza, l'allargamento della *membership* del FSB. Il FSB affronta infatti questioni tipiche dei sistemi finanziari dei Paesi avanzati. In questa fase i Paesi emergenti hanno dunque solo l'opportunità di vigilare che non vengano prese decisioni per loro dannose.

Il FSB vuole consolidarsi e rafforzarsi ulteriormente, con la giustificazione del notevole carico di lavoro affidatogli. Nelle intenzioni questo imporrebbe una revisione del suo funzionamento interno e della sua struttura organizzativa, a soli due anni di distanza dalla sua nascita, sulle ceneri del FSF.

Su impulso del G20 sono state così recentemente presentate alcune proposte intese a rafforzare il FSB, imperniate su *governance*, processi interni e fabbisogno di risorse.

Tra le ipotesi proposte, quelle più rilevanti riguardano: la revisione della composizione del Comitato direzionale del FSB (FSB Steering Committee), che attualmente non include rappresentanti di ministeri delle Finanze; il rafforzamento dei metodi di lavoro per assicurare una più trasparente circolazione di informazione tra i membri e un più efficace lavoro del Comitato plenario (FSB Plenary); e, soprattutto, il riconoscimento di un'autonomia di bilancio al FSB (oggi finanziato sul bilancio della BRI), che rappresenterebbe un passo probabilmente irreversibile verso la formalizzazione del FSB come nuova istituzione finanziaria internazionale. Allo scopo è stato appositamente creato un Budget and Resource Committee, per definirne la struttura. Senza limiti è dunque la forza del FSB, una forza che deriva dal binomio che lo definisce: successo nel difendere gli interessi della finanza, fallimento nel porre fine alla crisi.

Allegato n. 6

I Credit Default Swaps

Nel periodo 2004-2010 il tasso di crescita del valore nozionale dei derivati *over-the-counter* è stato pari al 132%, mentre l'espansione dei CDS è stata tre volte più veloce, pari al 367%. In particolare, tra il 2004 e il 2007, vale a dire fino all'inizio della crisi *subprime*, il mercato dei CDS si è moltiplicato addirittura di 8 volte, a conferma della natura altamente speculativa che questo prodotto ha assunto.

Mentre il mercato del sottostante ha le sue proprie dimensioni e su di esso agiscono (o dovrebbero agire) le autorità monetarie e le grandi istituzioni finanziarie, in un contesto regolamentato, il mercato *over-the-counter* è invece per definizione opaco e privo di regole. Con un ammontare di risorse ridotto è così possibile esasperare la volatilità degli *spread* dei CDS, provocando un effetto di imitazione negli *spread* dei titoli obbligazionari sottostanti. Non a caso lo *spread* dei primi è sempre più ampio dei secondi, che tendono però a muoversi nella stessa direzione: i CDS hanno quindi una funzione di «apripista».

Come si è premesso, il CDS, nella sua originaria funzione assicurativa, ha avuto in passato un ruolo positivo, perché le quotazioni dei *Credit Default Swaps* segnalavano in maniera corretta la crescente rischiosità del mercato. Poi tutto è cambiato. Le possibilità di esemplificare a questo proposito sono molto vaste. Ad esempio, il CDS ha avuto un ruolo chiave nel collasso della Bear Stearns, una delle prime istituzioni finanziarie americane a crollare sotto i colpi della crisi. La Bear Stearns era specializzata nell'emissione di *asset back securities*, ovvero di titoli collegati ai mutui *subprime*. Quando il mercato immobiliare ha iniziato a perdere colpi, a partire dal 2006 e nel corso del 2007, lo *spread* sui *bond* di Bear Stearns è salito progressivamente fino a 150 punti, a segnalare i dubbi sulla reale solidità della compagnia.

Fin qui il CDS ha dunque fatto il suo onesto lavoro. Ma dopo si è trasformato in un killer. L'attacco speculativo a Bear Stearns arriva infatti proprio da quella parte: nel giro di due mesi e mezzo, tra gennaio e metà marzo, lo *spread* schizza infatti da 170 a 770 punti, precipitando la banca in una crisi di liquidità che si trasforma ben presto, data l'impossibilità di approvvigionarsi sul mercato dei capitali, in una crisi di solvibilità. Il 14 marzo 2008 la Fed di New York tenta un *bailout* annunciando un prestito di 25 miliardi di dollari necessari a tenere in piedi la banca. Ma la resa è inevitabile e Bear Stearns finisce a J.P. Morgan, che paga 2 dollari per azione, contro i 133 dollari della quotazione precedente la crisi.

Dati gli enormi profitti che si fanno operando sui CDS, nessuno è stato capace o ha avuto la volontà politica di riportare sotto controllo il CDS «mutante», che di conseguenza ha avuto, ha un ruolo centrale nell'aumentare la rischiosità sistemica globale che ha condotto alla tempesta finanziaria del 2008 e, da ultimo, ha fatto da detonatore della crisi dei debiti sovrani europei. Proprio l'assenza di regole e di trasparenza nelle negoziazioni ha in specie favorito e favorisce l'utilizzo dei CDS come acceleratore dell'instabilità finanziaria.

A ciò si aggiungono le particolari modalità operative del mercato dei CDS. Attraverso questo strumento – come si notava sopra – è infatti possibile acquistare una polizza antincendio sulla casa del tuo vicino, senza possedere la casa del tuo vicino. Ovvero, scommettere sul merito di credito di una società o di uno Stato senza necessariamente possedere il sottostante titolo a reddito fisso. In questo caso si parla di CDS nudo, *naked*: l'unico intento di chi lo acquista è infatti quello di scommettere a fini speculativi sul fallimento del debitore, una società o uno Stato sovrano, in maniera tale da massimizzare la leva finanziaria e quindi il proprio profitto.

Naturalmente, non è necessario arrivare al caso estremo del *default* del debitore: per guadagnare è sufficiente scommettere su di un deterioramento del suo merito di credito. Dato che lo *spread* applicato su un CDS è inversamente correlato al merito di credito del debitore, un contratto acquistato a uno *spread* più basso può essere successivamente bilanciato con la vendita di un contratto di simile entità a uno *spread* maggiore. Lo speculatore guadagna così in base alla differenza tra i due flussi di pagamento, quello minore che versa in qualità di compratore della protezione e quello maggiore che riceve in qualità di venditore della protezione.

Il CDS nudo ha finito per rappresentare la stragrande maggioranza dei contratti in circolazione, a conferma della natura ormai apertamente speculativa dei *Credit Default Swaps*: chi vi investe non ha nulla da proteggere e tutto da scommettere. Se a ciò si aggiunge che i *dealers* dei contratti non sono tenuti a mantenere particolari riserve di liquidità o a rispettare i limiti dei requisiti di capitale, e se infine si nota che sul valore nozionale di uno stesso titolo possono essere stipulati più contratti, amplificando i rischi derivanti dal *default* del debitore, si ha un'idea più compiuta della pericolosità finanziaria dei CDS. E il fatto che solo da ultimo la Commissione europea, ma solo in Europa, non in USA, abbia tentato di mettere sotto controllo i CDS *naked*, la dice lunga tanto sulle resistenze che si incontrano, quanto sulla lentezza delle autorità di controllo.

Questa strategia di «contenimento» dei CDS, dettata dai danni prodotti da questo tipo di derivato, è forse il primo segno di resipiscenza da parte delle autorità di controllo. Di tutt'altro segno invece l'altra proposta, avanzata dal FSB e mirata a standardizzarli, creando un'unica piattaforma tecnologica globale, su cui i CDS dovrebbero essere immessi. Un'innovazione di questo genere equivale infatti all'invenzione della trincea nella Grande Guerra. Come le trincee non evitano, ma prolungano la guerra, così una nuova piattaforma per i CDS non eviterebbe infatti la crisi, ma la moltiplicherebbe.

Allegato n. 7

Basilea III

Si stima che, durante il periodo di transizione, le nuove regole comporteranno per il sistema bancario costi aggiuntivi di raccolta, compresi, ad esempio nell'Eurozona, tra i 30 e i 50 miliardi di euro. Tali oneri verranno ovviamente scaricati sui tassi di interesse applicati dalle banche alle imprese e alle famiglie, con un incremento rispetto al costo attuale del denaro.

Dal punto di vista macroeconomico, la diretta conseguenza sarebbe tuttavia minima: un rallentamento della crescita del prodotto interno lordo, nel medio periodo, stimata compresa in una finestra di -0.05% e -0.15% all'anno. Prevedere una flessione dello $0,05\%$ del prodotto interno lordo deve essere più complicato che mettersi a contare le zampe di un millepiedi ma, al di là di questi esercizi econometrici, resta una banale verità: se il costo del denaro sale, gli investimenti delle imprese ne risentono e così la domanda delle famiglie, e infine ne risente in negativo la crescita dell'economia, in un momento in cui di crescita ce n'è proprio poca.

Mettere i gendarmi a guardia del capitale, oltre che

costoso, a volte è pure inutile e anzi pericoloso. Prendiamo il caso della Dexia, la grande banca franco-belga fallita nell'ottobre 2011. Quattro mesi prima questo istituto non solo aveva ottenuto dalle agenzie di *rating* una buona valutazione, ma era stato sottoposto ai meticolosi *stress test* fatti dall'European Banking Authority, e se l'era cavata alla grande: il suo capitale di base (*Core Tier One*) era risultato pari al 10,4%, quasi il doppio dei nuovi e più stringenti requisiti di Basilea III. Il problema è che nessun patrimonio mette al riparo da una crisi di liquidità e dal ricorso eccessivo alla leva. La vicenda Dexia è dunque una finestra sul futuro delle nostre banche: nell'era di Basilea (III, IV, V eccetera), continueranno a saltare allegramente e, secondo i piani, a essere salvate con i quattrini dei contribuenti.

Ma se pure Basilea III avesse una qualche efficacia, sarebbe come applicare una medicina sulla parte sbagliata. Qui sta infatti la beffa finale. L'origine della crisi è stata in America, nel suo sistema bancario. Ma le banche americane, che già avevano non applicato o disapplicato Basilea II, ben difficilmente saranno disposte ad assoggettarsi a Basilea III. Certo, c'è stata una dichiarazione ufficiale di impegno ad adottare il nuovo accordo in tempi rapidi. Ma le regole per le banche le fanno le banche. E il boss di una grande banca ha già dichiarato che la nuova regolamentazione è *antiamericana*. Come si diceva una volta, il patriottismo è l'ultimo rifugio dei mascalzoni. Si ricorderà che il FSB si è detto totalmente d'accordo con Basilea III.

Allegato n. 8

Le agenzie di rating

È probabile che questa offensiva molto «europea» contro le agenzie di *rating*, che tuttavia non è andata oltre mere delibere, sia originata per reazione verso la particolare severità con la quale i guardiani del merito di credito stanno analizzando i debiti sovrani europei, a dispetto del fatto che molti dei Paesi sottoposti a ripetuti *downgrading* abbiano compiuto forti progressi verso il riequilibrio delle finanze pubbliche.

Una severità che certo non è stata applicata nel 2008 a Lehman Brothers, che passò di colpo dalla tripla A al *default*, precipitando la crisi *subprime* in una crisi economica globale. Forse il diverso metro di giudizio ha natura mercantile, visto che Lehman era un emittente privato, che pagava ricche commissioni per il servizio di *rating*, mentre le mazzate sugli Stati sono gratuite.

In passato le agenzie di *rating* avevano fatto di peggio quando i tassi di interesse erano molto bassi e bassi erano quindi i rendimenti per i titoli di alta qualità. Alla ricerca di performance più attraenti, le fabbriche dei prodotti finanziari iniziarono a costruire titoli complessi, detti «strutturati», nei quali convivevano *tranche* di *bond* ad alta qualità e titoli *junk*, poco affidabili ma ad alto rendimento.

Qual era l'obiettivo? Combinare alto *rating* e alto rendimento. Nella messa a punto di quei titoli «salsiccia», come è noto, gli emittenti lavorarono fianco a fianco proprio con le agenzie di *rating* per calibrare il miglior dosaggio possibile. Sappiamo come è andata a finire. La crisi di fiducia che ha investito i mercati finanziari ha trasformato quei titoli «salsiccia» in carta straccia, perché non era più possibile distinguere la parte buona da quella cattiva e quindi assegnare un prezzo di mercato.

Le agenzie di *rating* sono dunque sopravvissute, e oggi si ergono di nuovo a giudici severi del debito e nessuno, chissà perché, ha ancora pensato a regolamentare effettivamente la loro attività. Regole che dovrebbero partire da una semplice constatazione: nel mondo reale non è chi *vende*, ma chi *acquista* che si fa assistere da un consulente (e lo paga), per l'ottima ragione che è lui a sborsare i quattrini. Se devo comprare casa, sarà il mio professionista ad asseverarne il valore, non certo quello del venditore.

Il conflitto di interessi tra agenzia ed emittente è senz'altro vistoso, ma non è il solo. Le società che chiedono e finanziano lo studio che porta all'elaborazione del *rating* possono infatti pretendere che questo non venga pubblicato. In tale modo sul mercato si genera un'asimmetria informativa che può dare luogo a fenomeni di *insider trading* e favorire comportamenti speculativi. Banalmente, il ritardo nella diffusione dell'informazione può infatti consentire l'acquisto o la vendita di *bond*, prima che l'emissione del suo *rating* produca un effetto positivo o negativo.

Inoltre un altro fattore di pericolo è nella struttura fortemente oligopolistica dell'industria del *rating*. Basti pensare che, secondo le stime più recenti, le cosiddette Big Three controllano circa il 90% del mercato e producono più di 2 miliardi di dollari di profitto l'anno. Una situazione che favorisce comportamenti non trasparenti, come si può notare nel fatto che il *downgrading* (o l'*upgrading*) da parte di una delle tre agenzie è spesso seguito da un adeguamento nella stessa direzione da parte delle altre.

Infine, vale la pena di chiedersi quale sia la struttura proprietaria di questi giudici severi. Si tratta in certa misura di *public companies*, nel senso che nessun singolo azionista detiene la maggioranza assoluta di un'agenzia. E tuttavia si può notare che, chissà perché, i principali fondi di investimento compaiono sistematicamente fra i maggiori soci delle agenzie.

Allegato n. 9

I *numeri del mercato comune europeo*

Normalmente si sostiene che i *mercati emergenti*, avendo milioni di consumatori potenziali, sono per le imprese europee un vero e proprio Eldorado per la vendita di beni e servizi.

Forse sarà così in futuro. Non è così nel presente, e non solo nel presente, anche nel futuro prossimo. La maggior parte delle esportazioni europee è infatti «Europa su Europa», va cioè da un Paese europeo all'altro (oppure va verso i tre maggiori mercati «ricchi» tradizionali non europei: USA, Svizzera e Paesi OPEC).

Nel 2010, nell'insieme le esportazioni complessive di merci, «Europa su Europa» soprattutto (e poi verso USA, Svizzera e OPEC), hanno rappresentato la seguente quota delle esportazioni totali dei seguenti Paesi: Germania 74,1%; Francia 75,6%; Italia 73,3%; Regno Unito 73,3%.

Dentro questi volumi, mediamente, circa il 60% è «Europa su Europa». Questi volumi, tra di loro straordinariamente simili, dimostrano in specie che, per quanto riguarda gli scambi commerciali (ma, come vedremo qui di seguito, non solo commerciali, anche finanziari), le maggiori economie europee sono prevalentemente e vitalmente collegate tra di loro.

Per differenza, il peso dei mercati emergenti, sia pure in crescita, resta secondario. È dunque evidente che un aggravamento della crisi in Europa (e negli USA) avrebbe ricadute depressive molto pesanti sulla sua economia reale.

Informazioni più analitiche si trovano qui di seguito.

Germania. Nel 2010 l'export tedesco è stato di 957 miliardi di euro con un surplus commerciale con l'estero di 152,4 miliardi.

È diffusa, soprattutto in Germania, l'opinione che il Paese ha surclassato gli altri Paesi avanzati nell'«aggredire» i mercati emergenti. In realtà, l'UE a 27 rappresenta ancora oggi il 60,4% delle destinazioni dell'export tedesco, mentre i tre più importanti mercati extraeuropei tradizionali, non emergenti (USA+Svizzera+OPEC), costituiscono un altro 13,7% dell'export di Berlino. In totale, il 74,1% dell'export della Germania è tuttora concentrato nell'UE a 27 e nei tre maggiori mercati extra-UE non emergenti. Il più dinamico mercato emergente, la Cina, assorbe per il momento solo il 5,6% dell'export tedesco (53,5 miliardi di euro) ed è tuttora meno importante dei singoli mercati di esportazione francese (90,6 miliardi), inglese (59,3 miliardi), italiano (58,4 miliardi) e persino di quello dell'Austria (53,7 miliardi).

Gli stessi quattro Paesi cosiddetti «periferici» (Portogallo, Irlanda, Grecia e Spagna), pur considerati dall'opinione pubblica tedesca come una zavorra, come un limite per l'economia tanto della Germania quanto del «virtuoso» Nord Europa, rappresentano in realtà mercati di esportazione non trascurabili per Berlino: nel 2010 la Germania ha esportato in questi quattro Paesi 50,1 miliardi di euro, poco meno di quanto esportato dalla stessa Germania in Cina!

Dato che la Germania vanta un rilevante attivo commerciale è in particolare utile analizzarne la composizione. I dati mostrano che, ancor più dell'export, il surplus commerciale tedesco è fondato sugli scambi con i Paesi europei e con i Paesi ricchi, piuttosto che con quelli emergenti. In particolare, nel 2010, su 152,4 miliardi di euro di attivo commerciale con l'estero, la Germania ne ha realizzati 65,9 con l'UE a 27 e 58,9 con i tre principali mercati extra-UE non emergenti (di cui ben 32,2 miliardi con gli USA). In totale, l'UE a 27 più i tre principali mercati extra-UE non emergenti rappresentano circa l'82% (124,8 miliardi) del surplus commerciale tedesco con l'estero.

Con i soli quattro Paesi periferici europei, nel 2010 la Germania ha presentato un attivo commerciale di 16,4 miliardi di euro, mentre con la Cina Berlino accusa un disavanzo di 9,9 miliardi di euro.

Nel 2010 i quattro principali partner verso cui la Germania ha esportato merci sono stati, nell'ordine: Francia, Stati Uniti, Regno Unito e Italia.

Francia. Nel 2010 l'export della Francia è stato pari a 393,3 miliardi di euro, con un disavanzo con l'estero di 64,7 miliardi.

L'UE a 27 ha rappresentato il 60,9% delle destinazioni dell'export francese, mentre i tre più importanti mercati extraeuropei non emergenti (USA+Svizzera+OPEC) hanno costituito un altro 14,1% dell'export di Parigi. In totale, il 75,6% dell'export francese è tuttora concentrato nell'UE a 27 e nei tre maggiori mercati extra-UE tradizionali, ricchi, non emergenti. La Cina assorbe per il momento soltanto il 2,8% dell'export francese (11,1 miliardi di euro) e per Parigi è tuttora meno importante come mercato di esportazione della piccola Svizzera (11,4 miliardi).

Nel 2010 i quattro principali partner verso cui la Francia ha esportato merci sono stati, nell'ordine: Germania, Italia, Belgio e Spagna.

Italia. Nel 2010 l'Italia ha esportato 337,4 miliardi di euro presentando un disavanzo con l'estero di 28,6 miliardi. Le esportazioni verso i Paesi UE sono state pari a 193,2 miliardi, mentre quelle verso USA, Svizzera e OPEC hanno raggiunto complessivamente i 54,2 miliardi. In totale, l'UE a 27 e i tre maggiori mercati extra-UE tradizionali, non emergenti rappresentano tuttora il 73% circa dell'export italiano. Come nel caso della Francia, nel 2010 l'Italia ha esportato di più in Svizzera (16 miliardi di euro) che in Cina (8,6 miliardi).

Nel 2010 i quattro principali partner verso cui l'Italia ha esportato merci sono stati, nell'ordine: Germania, Francia, Stati Uniti e Spagna.

Regno Unito. Nel 2010 le esportazioni del Regno Unito sono state pari a 306 miliardi di euro, con un disavanzo con l'estero di 117,4 miliardi.

L'UE a 27 ha rappresentato il 53,9% delle destinazioni dell'export inglese, mentre i tre più importanti mercati extraeuropei non emergenti (USA+Svizzera+OPEC) hanno costituito un altro 19,5% dell'export britannico. In totale, il 73,3% dell'export inglese è tuttora concentrato nell'UE a 27 e nei tre maggiori mercati extra-UE tradizionali, non emergenti. La Cina assorbe per il momento soltanto il 2,7% dell'export del Regno Unito (cioè 8,3 miliardi di euro) ed è tuttora di gran lunga meno importante per Londra del mercato di esportazione irlandese (19,1 miliardi).

Nel 2010 i quattro principali partner verso cui il Regno Unito ha esportato merci sono stati, nell'ordine: Stati Uniti, Germania, Olanda e Francia.

Allegato n. 10

Le interdipendenze finanziarie
tra i sistemi bancari dei sei principali Paesi europei
nei riguardi delle economie degli altri Paesi

Le crescenti interrelazioni tra i diversi sistemi bancari nazionali europei e le numerose attività poste in essere dai rispettivi sistemi economici negli altri Paesi partner hanno determinato forti interdipendenze in termini di esposizioni bancarie estere incrociate. È quanto emerge dalla *Tabella 1* che riassume i crediti consolidati dei sistemi bancari di ciascuno dei sei principali Paesi UE (Germania, Francia, Regno Unito, Italia, Olanda e Spagna) verso le economie di ognuno degli altri cinque Paesi partner a fine marzo 2011.

Il principale dato che emerge dalla *Tabella 1* è la forte esposizione in valore assoluto dei sistemi bancari dei tre più grandi Paesi UE (Germania, Francia e Regno Unito) verso i restanti cinque Paesi considerati: l'esposizione del sistema bancario francese su Germania, Regno Unito, Italia, Olanda e Spagna a fine marzo 2011 ammontava complessivamente a 1253 miliardi di dollari; l'esposizione totale del sistema bancario tedesco verso gli altri cinque Paesi era di 1237 miliardi di dollari; quella del sistema bancario inglese di 790 miliardi.

Paesi delle banche prestatrici	Paesi prenditori						Totale
	DE	FR	UK	IT	NL	ES	
DE		207	520	165	167	178	1.237
FR	266		295	410	136	146	1.253
UK	192	294		69	134	101	790
IT	272	43	48		26	32	420
NL	193	85	107	49		76	511
ES	59	30	430	36	19		573

Tabella 1. Interdipendenze reciproche dei sistemi bancari dei sei principali Paesi UE in termini di esposizioni estere: valori assoluti (in miliardi di dollari). Crediti consolidati dei sistemi bancari sull'estero, ultimate risk basis, stock a fine marzo 2011. (Fonte: Banca dei Regolamenti Internazionali)

Spagna, Olanda e Italia seguono a distanza, con un'esposizione complessiva in valore assoluto verso le economie degli altri cinque principali Paesi UE partner pari, rispettivamente, a 573, 511 e 420 miliardi di dollari.

Francia, Germania e Regno Unito sono anche i Paesi che presentano le più forti interrelazioni reciproche.

I crediti consolidati della Germania sul Regno Unito ammontano a ben 520 miliardi di dollari, quelli sulla Francia a 207, per un totale di ben 727 miliardi nei due Paesi partner.

I crediti consolidati della Francia su Germania e Regno Unito ammontano in totale a 561 miliardi di dollari (di cui 295 verso il Regno Unito e 266 verso la Germania), mentre i crediti vantati dal Regno Unito su Germania e Francia assommano a 486 miliardi di dollari (di cui 192 miliardi verso la Germania e 294 verso la Francia).

Per quanto riguarda l'Italia osserviamo come, da un lato, il nostro Paese sia principalmente esposto verso la Germania (272 miliardi di dollari) e, dall'altro lato, rappresenti il Paese verso il quale la Francia è principalmente esposta, con 410 miliardi di dollari di crediti consolidati. L'Olanda è esposta soprattutto verso la Germania (193 miliardi di dollari), la Spagna verso il Regno Unito (430 miliardi).

Paesi delle banche prestatrici	Paesi prenditori						Totale
	DE	FR	UK	IT	NL	ES	
DE		5,9	14,8	4,7	4,8	5,1	35,1
FR	9,7		10,8	14,9	4,9	5,3	45,6
UK	7,9	12,2		2,9	5,5	4,2	32,7
IT	12,4	1,9	2,2		1,2	1,4	19,1
NL	23,1	10,2	12,8	5,9		9,1	61,1
ES	3,9	2,0	28,5	2,4	1,2		38,0

Tabella 2. Interdipendenze reciproche dei sistemi bancari dei sei principali Paesi UE *in termini di esposizioni estere: in % del* PIL *dei Paesi prestatori (2010). Crediti consolidati dei sistemi bancari sull'estero, ultimate risk basis, stock a fine marzo 2011. (Fonte: Banca dei Regolamenti Internazionali)*

È interessante, per avere un metro di confronto, valutare anche il peso delle esposizioni bancarie di ciascun Paese verso le economie degli altri maggiori partner in percentuale del proprio PIL. Come risulta dalla *Tabella 2*, che prende il PIL del 2010 come base di riferimento, l'esposizione complessiva del sistema bancario olandese nei cinque altri principali Paesi UE ammonta addirittura al 61,1% del proprio PIL. Molto alte in rapporto al PIL sono anche le esposizioni di Francia (45,6%), Spagna (38%) e Germania (35,1%). Si distingue, invece, per la minore incidenza sul PIL nazionale, l'esposizione estera verso gli altri cinque maggiori partner UE del sistema bancario italiano, pari solo al 19,1%.

Negli ultimi anni è emersa inoltre una notevole esposizione dei cinque principali Paesi europei (i sei sopra elencati con l'esclusione della Spagna) verso i Paesi «periferici» dell'Eurozona (Spagna, Irlanda, Portogallo e Grecia).

Paesi delle banche prestatrici	Paesi prenditori				Totale quattro Paesi «periferici»
	ES	IE	PT	EL	
DE	178	117	39	24	357
FR	146	30	28	57	261
UK	101	137	27	15	279
NL	76	19	7	5	107
IT	32	13	4	5	54

Tabella 3. Esposizione delle banche dei maggiori Paesi UE nei Paesi «periferici» dell'Eurozona: valori assoluti (in miliardi di dollari). Crediti consolidati dei sistemi bancari sull'estero, ultimate risk basis, stock a fine marzo 2011. (Fonte: Banca dei Regolamenti Internazionali)

Come risulta dalla *Tabella 3*, sono Germania, Regno
Unito e Francia i Paesi con i sistemi bancari maggior-
mente esposti verso i Paesi «periferici», con un ammontare di crediti consolidati pari rispettivamente a
357, 279 e 261 miliardi di dollari. I sistemi bancari più
esposti in Grecia sono quelli francese (57 miliardi di
dollari) e tedesco (24 miliardi), mentre il sistema bancario britannico e quello tedesco sono i più esposti in
Irlanda (rispettivamente 137 e 117 miliardi). L'Italia è
il Paese meno esposto verso i quattro Paesi «periferici»
(54 miliardi di dollari) e in particolare verso la Grecia
(solo 5 miliardi).

Paesi delle banche prestatrici	Paesi prenditori				Totale quattro Paesi «periferici»
	ES	IE	PT	EL	
DE	5,1	3,3	1,1	0,7	10,1
FR	5,3	1,1	1,0	2,1	9,5
UK	4,2	5,7	1,1	0,6	11,5
NL	9,1	2,2	0,8	0,6	12,8
IT	1,4	0,6	0,2	0,2	2,5

*Tabella 4. Esposizione delle banche dei maggiori Paesi UE nei Paesi
«periferici» dell'Eurozona: in % del PIL dei Paesi prestatori (2010).
Crediti consolidati dei sistemi bancari sull'estero, ultimate risk basis, stock a fine marzo 2011. (Fonte: Banca dei Regolamenti Internazionali)*

Come risulta dalla *Tabella 4*, il peso dell'esposizione del sistema bancario italiano nei Paesi «periferi-

ci», espresso in percentuale del PIL, è di gran lunga quello minore tra i sei Paesi UE prestatori considerati, pari al 2,5%, contro il 9,5% della Francia, il 10,1% della Germania, l'11,5% del Regno Unito e il 12,8% dell'Olanda.

Allegato n. 11

Tre erronei tipi di intervento dopo Deauville

Nell'anno successivo a Deauville, sono stati fatti e sono ancora in corso tre erronei tipi di intervento:

a) il *primo errore* è stato fatto con la scelta spontanea o «spintanea» da parte della BCE – spontanea o «spintanea» dipende dal tasso di ipocrisia analitica che si vuole applicare nell'analisi del caso – di pensare che fosse da solo più o meno sufficiente l'intervento della stessa BCE sul mercato cosiddetto «secondario», per fare acquisti di titoli di Stati in crisi. Si ricorderà che nel maggio del 2010 questo degli acquisti BCE sul mercato secondario era certo uno degli interventi previsti. Ma non il solo. Perché allora soprattutto si puntava sull'attivazione tempestiva e coordinata di tutti gli altri strumenti: dall'EFSF, al semestre europeo, alla comune politica di bilancio.

In particolare, l'intervento sul cosiddetto «secondario» ha per oggetto titoli vecchi, già presenti sul mercato perché già emessi dagli Stati, ed è per questo che è consentito dai Trattati. Premesso che il confine tra primario e secondario è operativamente piuttosto opaco, va notato che questa è comunque nell'insieme una tecnica più distorsiva che risolutiva. Distorsiva, perché non ferma, ma all'opposto incentiva gli speculatori, dato che questi vengono così a sapere già *ex ante* che c'è un compratore finale. E poi ancora distorsiva, perché può favorire, tra le tante, le banche che vengono discrezionalmente scelte dalla BCE come controparti graziosamente privilegiate per lo smobilizzo, a carico della BCE stessa, di interi portafogli di titoli di Stati in crisi. Distorsiva soprattutto, e lo vedremo qui di seguito, perché influisce e/o può influire dall'esterno, pur senza reali finali positivi effetti di stabilizzazione, sulla politica interna di un singolo Stato. Infine non risolutiva perché, lo dimostrano i risultati degli ultimi mesi del 2011, produce *alcuni* effetti congiunturali positivi, ma *nessun* effetto strutturale definitivo. Compra compra, non succede niente. I buchi che si aprono nella diga sono infatti più delle dita che così si possono usare per tapparli;

b) il *secondo errore* è stato fatto *prima* imponendo alle banche europee uno *stress test*, basato sull'allineamento ai valori di mercato (*mark to market*) dei titoli pubblici in portafoglio, così creando e/o evidenziando nei loro bilanci enormi perdite reali e/o potenziali e così accelerando la spirale di crisi, perché se le banche di uno Stato vanno male, di riflesso anche gli Stati vanno male, e solo *dopo* (non prima dello *stress test*) si è provato ad attivare il Fondo di salvataggio europeo EFSF (European Financial Stability Fund). Invertendo i termini logici della sequenza, prima lo *stress test* e poi l'EFSF, e non viceversa, è così che è stato introdotto nel sistema un ulteriore, addizionale fattore di *instabilità*, l'opposto della invece necessaria e in teoria prevista *stabilità*. Senza contare che comunque l'EFSF, e lo stesso vale per lo strumento che dovrebbe sostituirlo, è oggi tanto limitato, tanto poco dotato finanziariamente e tanto poco flessibile operativamente, da presentarsi più che come una vera e propria nuova *istituzione* europea, come un *derivato* tipico del mercato finanziario. Non per caso, ma *pour cause*, nelle sue carte costitutive l'EFSF è privatisticamente denominato come *the Company*!

c) il *terzo errore* è stato infine fatto al G20 di Cannes del 3-4 novembre 2011, dove c'è stata in grande e in forma ufficiale la replica di Deauville: la rimozione del cosiddetto «divieto di pensiero», l'annuncio conclamato della possibile uscita dall'euro di uno Stato (la Grecia).

Allegato n. 12

Farò un intervento molto semplice. Userò tre parole chiave: *esperienza, trasparenza, penitenza*.

Esperienza: credo di essere stato dentro una vicenda potenzialmente simile, seppure domestica. Ricordo l'audizione al Parlamento della Repubblica Italiana sulla questione dei *bond*. Il mio intervento non fu limitato agli aspetti patologici penali della Parmalat, ma fu esteso a una gamma di considerazioni relative a cosa era successo nel mondo del credito in quegli anni. Ricordo che le stesse considerazioni le ho poi fatte in sede europea, in sede di G7, ricordo alcuni colloqui anche a Washington alla SEC [...].

Cosa è successo, cosa sta venendo fuori? Io credo che sia difficile trovare paragoni storici, la storia non si ripete mai per identità specifiche, nel novembre dell'anno scorso io ho fatto un'intervista in cui parlavo di queste cose. Il titolo messo al giornale fu su di un rischio «1929». Sono rimasto un po' colpito dalla violenza di quel titolo, però forse è stata una *felix culpa. Ex post*, in un qualche modo, io non so se questa è una crisi come quella del '29, ma potenzialmente è una crisi con la C maiuscola. Voglio fare un esempio che può sembrare un po', come dire, semplice. Be', quello che sta succedendo, basta leggere i giornali oggi per capirlo. Se viene meno la fiducia nel mercato, è come quando viene meno la fede in una Chiesa. C'è qualcosa di essenziale che viene meno. È difficile pensare a un mercato senza la fiducia. Ed è paradossalmente un mercato che, essendoci liquidità ma non essendoci la fiducia, va in tilt. C'è qualcosa che non va.

Allora, le due parole chiave molto in breve: *trasparenza* e *penitenza*.

Primo: c'è stata una tendenza a non parlare di queste cose. È un errore. Data l'intensità, la cifra di questa crisi, prima si parla, più si parla, meglio è. Non peggio è. *L'«occultismo» è negativo*, non è positivo.

Secondo: la *confessione*, la *penitenza*. Lo so bene, all'economia globale manca un governo globale dell'economia. Però ci sono delle sedi che, insieme, possono definire uno strumento che è molto semplice. Io credo che in una settimana si può fare il *drafting* di un criterio, di una norma che definisce cosa va messo nei bilanci e cosa va messo fuori dai bilanci lecitamente... sopra o sotto la linea [...].

Se crediamo davvero che è fondamentale ripristinare la *fiducia*, bisogna fare qualcosa che non sia una petizione di principio, un'invocazione astratta, ma qualcosa di concreto. [...] Chi aderisce [...] vuol dire che *ha* quelle cose o *non ha* quelle cose tossiche. Chi non aderisce evidentemente è *fuori dal sistema*. Per l'*enforcement* di una norma di questo tipo non è necessario avere una realtà politica che la impone, è sufficiente che ci sia un consenso generale su una cosa del genere. Dopodiché, come in tutte le confessioni, l'alternativa è tra il paradiso, nel quale tutti crediamo, e l'inferno, che tutti vogliamo evitare.

Allegato n. 13

Il Glass-Steagall Banking Act

Il testo essenziale della legge Glass-Steagall era questo: «Una legge per provvedere all'utilizzo più sicuro ed efficace del patrimonio delle banche, per regolamentare i controlli interbancari, per prevenire la deviazione dei fondi verso operazioni speculative, e per altri scopi». In particolare:

«[Sez. 3 (a)] Ogni banca del sistema della Federal Reserve dovrà rimanere a conoscenza del carattere generale e dell'entità dei prestiti e degli investimenti delle sue banche consociate al fine di appurare se si stia utilizzando il credito bancario in modo improprio nel detenere o commerciare titoli, immobili, merci, o per qualsiasi altro scopo non in linea con il mantenimento di condizioni creditizie solide; e al fine di appurare se concedere o negare tali anticipi, sconti o altre facilitazioni creditizie, la banca della Federal Reserve dovrà prendere in considerazione tali informazioni».

«[Sez. 7] Il Consiglio della Federal Reserve avrà l'autorità di fissare per ogni distretto federale le percentuali di capitale e surplus delle singole banche che potranno essere costituiti da prestiti garantiti dai titoli azionari o dalle obbligazioni impiegati dalle banche consociate in quel distretto. Sarà obbligo del Consiglio stabilire tali percentuali al fine di prevenire l'utilizzo improprio dei prestiti bancari per la speculazione in titoli [...].»

«[Sez. 20] Dopo un anno dall'entrata in vigore del presente decreto, nessuna banca consociata sarà affiliata in qualsiasi maniera descritta nella sezione 2 (b) di questa legge con una società di capitali, associazione, società fiduciaria o organizzazione simile attiva prevalentemente nell'emissione, sottoscrizione, commercio al pubblico, o distribuzione all'ingrosso o al dettaglio o attraverso un consorzio dei titoli azionari, obbligazioni, pagherò, cambiali o altri titoli [...].»

«[Sez. 21 (a)] Dopo un anno dall'entrata in vigore di questa legge sarà vietato [...]

«1) Per ogni persona, ditta, società di capitali, associazione, società fiduciaria o organizzazione simile, attiva nell'emissione, commercio o distribuzione all'ingrosso o al dettaglio, o attraverso un consorzio, di titoli azionari, obbligazionari, pagherò, cambiali o altri titoli, di essere attiva nell'attività di ricevere i depositi soggetti ad assegno o a rimborso previa presentazione di un libretto al portatore, certificato di deposito o altra prova di debito, o su richiesta del correntista [...].

«2)[Sez. 32] Dal 1° gennaio 1934, nessun funzionario o direttore di una banca consociata potrà ricoprire l'incarico di funzionario, direttore o gestore di una società di capitali, società in accomandita o associazione non riconosciuta attiva prevalentemente nell'acquisto, vendita o negoziazione dei titoli, e nessuna banca consociata potrà esercitare le funzioni di una banca di corrispondenza per conto di tale individuo, società in accomandita, società di capitali o associazione non riconosciuta, e nessun individuo, società in accomandita, società di capitali o associazione non riconosciuta potrà esercitare le funzioni di un corrispondente per qualsiasi banca consociata o detenere in deposito dei fondi per conto di un'altra banca consociata, salvo che sia stato rilasciato un permesso apposito da parte del Consiglio della Federal Reserve.»

Allegato n. 14

Il *Global legal standard*

Che cosa si intende per *Global legal standard*? Con la crisi prima, e con il suo *sequitur* ora, si è visto in azione e in negativo il risultato della pura tecnica, della pura «competenza finanziaria». Invece sì, servono *complicazioni* di diritto. Se no a prevalere è solo l'organizzato, pianificato nullismo tecnico tipico delle corporazioni.

Nella sua dimensione ideale, il GLS è in particolare una «Costituzione economica», che contiene in sé princìpi e regole generali, necessarie per tracciare un nuovo ordine internazionale proprio di un'economia di mercato.

Un'azione che è sempre più necessaria, per evitare la permanenza e/o il ritorno a «stati di natura», ad aree di anarchia o di anomia. Aree nelle quali l'evoluzione del modello capitalistico degenera nella patologia, con gravi effetti collaterali negativi, tanto per l'economia reale quanto per la società civile.

Dal punto di vista tecnico il GLS, come suggerisce la formula che lo identifica, è innanzitutto uno standard giuridico, un modello di riferimento (o un insieme di modelli di riferimento) che racchiude contenuti-tipo sui quali convergere, per garantire nella regolazione un livello che si assume come «normale».

Uno standard che a sua volta, proprio per questo, deve essere necessariamente «globale». Questa qualificazione è in specie consustanziale proprio all'idea stessa del GLS. Nel mondo globale, infatti, uno standard o è globale o non è. E, proprio perché è globale, ha la funzione essenziale di allineare nella globalità diritto e mercato, un insieme di princìpi e di regole condivisi e accettati dalla comunità internazionale e capaci di presentarsi come le coordinate giuridiche dell'economia globale.

In questi termini la costruzione del GLS può essere operata e può avvenire solo per decisione politica.

L'assenza della politica, la non-decisione, favorirebbe infatti la deriva tecnocratica, basata sull'erronea teoria della necessaria automatica «neutralità» del mercato.

Certo, anche la non-decisione è un atto politico: è una decisione abdicativa.

Ma la gravità della crisi in atto, da un lato, e la struttura nuova del mondo, dall'altro lato, sollecitano molto di più: una decisione politica positiva e costruttiva.

A questo punto, una premessa essenziale, una specifica fondamentale iniziale: con il GLS non si vuole creare una nuova «superburocrazia» internazionale, destinata a crescere parossisticamente per l'effetto tipico della *hýbris* tecnocratica.

Ancora. Un'obiezione che i cosmo-pessimisti potrebbero muovere a questo progetto è quella della sua *non fattibilità*: scrivere princìpi e regole per l'economia del secondo millennio può infatti sembrare un progetto di dimensioni ciclopiche, che sconfina nell'utopia.

In realtà, ciò che serve per il GLS, e cioè una tavola cosmopolitica di valori e regole generali, già oggi non è una *tabula rasa*. Molto infatti è già stato fatto.

Le istituzioni internazionali e sopranazionali (OCSE, FMI, World Bank, Unione Europea) hanno *già* elaborato norme, modelli giuridici, standard settoriali eccetera, esistenti in vaste aree del diritto.

C'è, dunque, ampia disponibilità di materiali giuridici pronti per costruire una piattaforma giuridica comune e condivisa.

Materiali che ora possono e devono essere messi insieme, assemblati in una nuova architettura giuridica. La *de-costruzione* che le forze della globalizzazione hanno progressivamente compiuto nel corso del XX secolo richiede infatti ora all'opposto e a rovescio l'avvio di un processo di *ri-costruzione* istituzionale. Ricomporre materiali giuridici che sono attualmente scomposti e dispersi in una molteplicità di micro e macro sistemi. Passando dall'astratto al concreto, lo strumento fondamentale per farlo è quello del Trattato internazionale multilaterale. La principale tra le infrastrutture giuridiche che possono essere adatte alla globalizzazione è infatti proprio quella del Trattato internazionale. Nel caso di specie, un Trattato unico aperto all'adesione degli Stati.

L'immissione del GLS in un Trattato internazionale multilaterale *ad hoc* è un già avviato percorso a tappe.

La prima tappa è la Dichiarazione di princìpi cosiddetta PIT (*Propriety*, *Integrity*, *Transparency*, Correttezza, Integrità, Trasparenza), approvata dall'OCSE su impulso italiano nel maggio 2010.

Dichiarazioni come questa hanno sostanza solenne e implicano per i governi dei Paesi membri dell'OCSE – e degli aderenti non membri, tra questi già tutte le forze sociali – impegni politici, pur se non ancora obblighi in senso giuridico.

Si tratta comunque di atti che non solo possono preparare i percorsi giuridici applicativi interni degli Stati membri, ma anche anticipano lo sviluppo di reti pattizie fra Stati. In specie questi atti sono tipici della cosiddetta *soft law*, ma preparano il terreno per l'incorporazione del GLS in atti di *hard law*, cioè appunto in un vero e proprio Trattato internazionale multilaterale.

In questo modo potrebbe progressivamente delinearsi, nella forma di un nuovo «codice» internazionale, un nuovo Trattato internazionale multilaterale in materia di correttezza, trasparenza e integrità di tutte le operazioni economiche e finanziarie. Quella del Trattato internazionale è infatti, si ripete, l'infrastruttura giuridica che più si adatta alla globalizzazione. Sarebbe questo il simbolo principale di un nuovo ordine.

Non è certo un processo semplice. È essenziale che nelle università, tra le forze economiche, sociali e sindacali, nei circoli di impegno civile se ne parli e lo si sostenga in modo che il progetto vada avanti e non venga lasciato decadere. Serve infatti qualcosa che trasmetta ai popoli un messaggio politico permanente condiviso e forte perché basato non solo sugli *interessi* ma anche e soprattutto sui *valori* etici fondamentali.

In ogni caso, è chiaro che il GLS non avrebbe effetti limitati al dominio economico, ma estesi anche a quello della *protezione dei diritti sociali*. È per questo che il GLS può costituire una solida piattaforma, se non per la de-globalizzazione, certo per il ridisegno, per il riequilibrio dei suoi effetti. Gli effetti della globalizzazione sono stati infatti finora positivi tanto per il *capitale multinazionale*, che ha delocalizzato la produzione alla ricerca di sbocchi commerciali e soprattutto alla ricerca di forza lavoro a basso costo, quanto per il *capitale finanziario*, che nella globalizzazione ha trovato campo per inventare la sua iperbolica pur se effimera fortuna.

Ma sono stati effetti svantaggiosi, a danno della quota della forza lavoro che è rimasta sul suo vecchio terreno di lavoro e che ora trova ridotti o plafonati tanto i salari aziendali quanto i diritti sociali, vedendo così ora arrivare il *fantasma della povertà*.[25] Anche per questo, per battere questo fantasma, è dunque ora essenziale il GLS.

[25] G. Tremonti, *Il fantasma della povertà*, 1995.

Indice

Finito di stampare nel mese di gennaio 2012
presso il Nuovo Istituto Italiano d'Arti Grafiche (BG)

Printed in Italy